Basic Hangul Learning
for Foreigners

외국인을 위한

기초 **한글배우기**

③ 대화편

권용선 저

혼천의(渾天儀)
Celestial Globe 1433년(세종 15년)
일월오행성(日月五行星)의 위치를 측정하는데 사용한 천문 관측기

외국인을 위한 기초 한글 배우기

한글배우기 ❸ 대화편

2018년 6월 10일 초판 1쇄 인쇄
2018년 6월 15일 초판 1쇄 발행

발행인 / 배영순
저자 / 權容璿(권용선)
펴낸곳 / 홍익교육
기획 · 편집 / 아이한글 연구소
출판등록 / 2010-10호
주소 / 경기도 광명시 광명동 200-6 한진상가 B동 309호
전화 / 02-2060-4011
정가 / 12,000원
ISBN 979-11-88505-04-3 / 63710

머리말 PREFACE

한글은 자음 14자, 모음 10자 그 외에 겹자음과 겹모음의 조합으로 글자가 이루어지며 소리를 갖게됩니다. 한글 조합자는 약 11,170자로 이루어져 있는데, 그중 30% 정도가 주로 사용되고 있습니다.

이 책은 실생활에서 자주 사용하는 우리말을 토대로 ①기초편 ②문장편 ③대화편 ④생활편으로 구성하였고, ③대화편의 내용은 다음 사항을 중심으로 개발되었습니다.

- 대화의 인사말을 읽고, 따라 써 보도록 하였습니다.
- 가정에서 일어나는 대화를 읽고, 문장을 따라 써 보도록 하였습니다.
- 반복적인 쓰기 학습을 통해 자연스레 한글을 습득할 수 있도록 '쓰기'에 많은 지면을 할애하였습니다.
- 한국의 일상생활에서 자주 사용되는 글자나 낱말을 중심으로 내용을 구성하였습니다.
- 사용빈도가 높지 않은 한글에 대한 내용은 줄이고, 꼭 필요한 내용만 수록하였습니다.

언어를 배우는 것은 문화를 배우는 것이며, 사고의 폭을 넓히는 계기가 됩니다. 이 책은 한글 학습에 기본이 되는 교재이므로 내용을 꼼꼼하게 터득하면 한글은 물론 한국의 문화와 정신까지 폭넓게 이해하게 될 것입니다.

저자 **권용선**

차례 CONTENTS

대화의 기초

01 대화의 기초 - 인사말 ①

다음 인사말을 읽고, 암기하세요.

자주 배울 낱말	● 안녕하세요?	● 죄송합니다.
	● 괜찮습니다.	● 고맙습니다.

TIP '인사말'은 만나거나 헤어질 때, 축하하거나 격려할 때, 고마움을 나타낼 때에 예의를 갖추어 하는 말입니다.

다음 인사말을 읽고, 따라 쓰세요.

안	녕	하	세	요	?				
죄	송	합	니	다	.				
괜	찮	습	니	다	.				
고	맙	습	니	다	.				

TIP '인사말'은 다른 사람과의 관계를 형성하고 유지하거나 발전시키는데 도움을 줍니다.

다음 그림을 보고, 알맞은 인사말을 쓰세요.

안	녕	하	세	요	?					

괜	찮	습	니	다	.					
죄	송	합	니	다	.					

고	맙	습	니	다	.					

다음 그림을 보고, 알맞은 인사말을 쓰세요.

| 안 | 녕 | 하 | 십 | 니 | 까 | ? | | | |
| | | | | | | | | | |

| 괜 | 찮 | 아 | 요 | . | | | | | |
| 죄 | 송 | 해 | 요 | . | | | | | |

| 고 | 마 | 워 | 요 | . | | | | | |
| | | | | | | | | | |

TIP 인사말의 '어미'가 달라도 그 뜻은 같습니다.

다음 인사말을 읽고, 암기하세요.

어서 오세요.

안녕히 가세요.

안녕히 계세요.

또 만나요.

내일 뵈어요.

자주 배울 낱말
- 어서 오세요.
- 안녕히 계세요.
- 안녕히 가세요.
- 또 만나요.
- 내일 뵈어요.

 TIP '인사말'은 상냥한 말씨에 공손한 태도로 하는 것이 서로의 관계를 좋게 해 줍니다.

다음 인사말을 읽고, 따라 쓰세요.

어	서		오	세	요	.			
안	녕	히		계	세	요	.		
안	녕	히		가	세	요	.		
또		만	나	요	.				
내	일		뵈	어	요	.			

TIP '인사말'은 상대방을 존중하는 마음을 가지고 나누며, 상황과 듣는 이와의 관계에 따라 적절하게 말해야 합니다.

다음 그림을 보고, 알맞은 인사말을 쓰세요.

어서 오세요.

어	서		오	세	요	.			

안녕히 계세요.

안녕히 가세요.

안	녕	히		계	세	요	.		
안	녕	히		가	세	요	.		

또 만나요.

내일 뵈어요.

또		만	나	요	.			
내	일		뵈	어	요	.		

다음 그림을 보고, 알맞은 인사말을 쓰세요.

어서 오십시오.

어	서		오	십	시	오	.		

안녕히
계십시오.

안녕히
가십시오.

안	녕	히		계	십	시	오	.
안	녕	히		가	십	시	오	.

또 만납시다.

내일 뵙시다.

또		만	납	시	다	.	
내	일		뵙	시	다	.	

TIP 인사말의 '어미'가 달라도 그 뜻은 같습니다.

03 대화의 기초 – 인사말 ③

다음 인사말을 읽고, 암기하세요.

안녕하십니까?
만나서 반갑습니다.
오래간만입니다.
처음 뵙겠습니다.

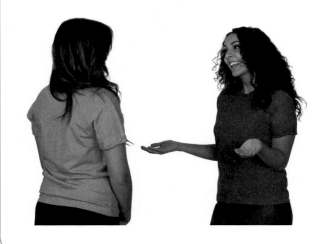

실례합니다.
미안합니다.
고맙습니다.

자주 배울 낱말

- 안녕하십니까?
- 만나서 반갑습니다.
- 오래간만입니다.
- 처음 뵙겠습니다.
- 실례합니다.
- 미안합니다.
- 고맙습니다.

다음 인사말을 읽고, 따라 쓰세요.

만나서 반갑습니다.

오래간만입니다.

처음 뵙겠습니다.

실례합니다.

미안합니다.

다음 그림을 보고, 알맞은 인사말을 쓰세요.

안녕하십니까?
만나서 반갑습니다.
오래간만입니다.
처음 뵙겠습니다.

만	나	서		반	갑	습	니	다	.		
오	래	간	만	입	니	다	.				
처	음		뵙	겠	습	니	다	.			

실례합니다.
미안합니다.
고맙습니다.

실	례	합	니	다	.						
미	안	합	니	다	.						

다음 그림을 보고, 알맞은 인사말을 쓰세요.

안녕하십니까?
만나서 반가워요.
오래간만이에요.
처음 뵙네요.

만	나	서		반	가	워	요	.			
오	래	간	만	이	에	요	.				
처	음		뵙	네	요	.					

실례해요.
미안해요.
고마워요.

| 고 | 마 | 워 | 요 | . | | | | | | | |
| 미 | 안 | 해 | 요 | . | | | | | | | |

TIP 인사말의 '어미'가 달라도 그 뜻은 같습니다.

다음 인사말을 읽고, 암기하세요.

안녕하세요?
저는 스즈키입니다.
저는 일본 사람입니다.
저는 학생입니다.
만나서 반갑습니다.

안녕하세요?
저는 스미스입니다.
저는 케냐 사람입니다.
저는 작가입니다.
만나서 반갑습니다.

자주 배울 낱말	● 이	● 저	● 씨
	● 입니다[임니다]		

다음 인사말을 읽고, 따라 쓰세요.

안녕하세요?
저는 스즈키입니다.
저는 일본 사람입니다.
저는 학생입니다.
만나서 반갑습니다.

안녕하세요?
저는 스미스입니다.
저는 케냐 사람입니다.
저는 작가입니다.
만나서 반갑습니다.

다음 그림을 보고, 알맞은 인사말을 쓰세요.

안녕하세요?
저는 스즈키입니다.
저는 일본 사람입니다.
저는 학생입니다.
만나서 반갑습니다.

안	녕	하	세	요	?					
저	는		스	즈	키	입	니	다	.	
저	는		일	본		사	람	입	니	다	.
저	는		학	생	입	니	다	.		
만	나	서		반	갑	습	니	다	.	

안녕하세요?
저는 스미스입니다.
저는 케냐 사람입니다.
저는 작가입니다.
만나서 반갑습니다.

안	녕	하	세	요	?					
저	는		스	미	스	입	니	다	.	
저	는		케	냐		사	람	입	니	다	.
저	는		작	가	입	니	다	.		
만	나	서		반	갑	습	니	다	.	

다음 그림을 보고, 알맞은 인사말을 쓰세요.

안녕하십니까?
저는 스즈키예요.
저는 일본 사람이에요.
저는 학생이에요.
만나서 반가워요.

안	녕	하	십	니	까	?			
저	는		스	즈	키	예	요	.	
저	는		일	본		사	람	이	에	요	.
저	는		학	생	이	에	요	.	
만	나	서		반	가	워	요	.	

안녕하십니까?
저는 스미스예요.
저는 케냐 사람이에요.
저는 작가예요.
만나서 반가워요.

안	녕	하	십	니	까	?			
저	는		스	미	스	예	요	.	
저	는		케	냐		사	람	이	에	요	.
저	는		작	가	예	요	.	
만	나	서		반	가	워	요	.	

TIP 인사말의 '어미'가 달라도 그 뜻은 같습니다.

다음 인사말을 읽고, 암기하세요.

찰스	라희 씨예요?
스즈키	아니요, 저는 스즈키예요.
찰스	스즈키 씨는 학생이에요?
스즈키	네, 학생이에요.
찰스	스즈키 씨는 어느 나라 사람이에요?
스즈키	저는 일본 사람이에요.

자주 배울 낱말
- 학생[학쌩]
- 어느
- 나라
- 사람
- 일본

TIP '씨'는 성명 또는 이름 뒤에 붙여 존대하는 뜻을 나타내는 호칭어입니다.

다음 인사말을 읽고, 따라 쓰세요.

라	희		씨	예	요	?		
아	니	요	,	저	는		스	즈	키	예	요	.
스	즈	키		씨	는		학	생	이	에	요	?
네	,	학	생	이	에	요	.	
스	즈	키		씨	는		어	느		나	라
사	람	이	에	요	?			
저	는		일	본		사	람	이	에	요	.

다음 인사말 중 색글자에 주의하여 읽어 보세요.

안녕하세요?
저는 제인이에요.
저는 독일 사람입니다.
저는 작가입니다.
만나서 반갑습니다.

안녕하세요?
저는 찰스예요.
저는 영국 사람입니다.
저는 기자입니다.
만나서 반갑습니다.

● 다음 중 맞는 것에 ○표 해 보세요.

① 안녕하세요? (저는 현빈이에요./저는 현빈예요.)

② 안녕하세요? (저는 소라이에요./저는 소라예요.)

③ 안녕하세요? (저는 김민국이에요./저는 김민국예요.)

④ 안녕하세요? (저는 강예리이에요./저는 강예리예요.)

● 빈 곳에 알맞은 말을 써 넣어 자신을 소개하고, 알맞은 말에 ○표 해 보세요.

안녕하세요?
저는 _____ 예요./이에요.
저는 _____ 예요./이에요.
저는 _____ 예요./이에요.
만나서 반갑습니다.

TIP 앞 낱말(명사)에 받침이 있으면, '~이에요', 없으면 '~예요'가 쓰입니다.

다음 인사말 중 색글자에 주의하여 읽어 보세요.

친구예요?
네, 친구예요.

일본 사람이에요?
아니요, 중국 사람이에요.

◎ 다음 중 빈 곳에 상황에 알맞은 말을 써 보세요.

① 당신은 학생이세요?

예 (⇨ 네, 저는 학생이에요.)

② 당신은 학생이세요?

⇨ 아니요, _____

③ 당신은 미국 사람이세요?

⇨ 네, _____

④ 당신은 미국 사람이세요?

⇨ 아니요, _____

⑤ 현빈 씨이세요?

⇨ 네, _____

⑥ 현빈 씨이세요?

⇨ 아니요, _____

TIP 묻는 내용과 같으면, '네', 그렇지 않으면 '아니요'가 쓰입니다.

다음 소개할 때의 대화를 읽고, 암기하세요.

자주 배울 낱말	○ 이	○ 저	○ 분
	○ 누구	○ 씨	

 TIP 사람을 가리킬 때 사용하는 말로 높여서 말할 때는 자신의 가까이에 있는 사람은 '이분', 자신과 듣는 사람 멀리 있는 사람은 '저분', 자신에게 멀고 듣는 사람에게 가까운 사람은 '그분'을 사용합니다.

다음 소개할 때의 글을 읽고, 문장을 따라 쓰세요.

이분은 누구입니까?
이분은 제인 씨입니다.
저분은 누구입니까?
저분은 할리 씨입니다.
그분은 누구입니까?
그분은 해빈 씨입니다.

이	분	은		누	구	입	니	까	?	
이	분	은		제	인		씨	입	니	다	.
저	분	은		누	구	입	니	까	?	
저	분	은		할	리		씨	입	니	다	.
그	분	은		누	구	입	니	까	?	
그	분	은		해	빈		씨	입	니	다	.

다음 소개할 때의 대화를 읽고, 암기하세요.

이 사람은 누구입니까?

이 사람은 수지 씨 입니다.

저 사람은 누구입니까?

저 사람은 현빈 씨 입니다.

그 사람은 누구입니까?

이 사람은 지나 씨 입니다.

자주 배울 낱말

- 이
- 저
- 그
- 누구
- 누구입니까?[누구임니까?]

TIP 사람을 가리킬 때 사용하는 말로 높여서 말할 때는 자신의 가까이에 있는 사람은 '이 사람', 자신과 듣는 사람 멀리 있는 사람은 '저 사람', 자신에게 멀고 듣는 사람에게 가까운 사람은 '그 사람'을 사용합니다.

다음 소개할 때의 글을 읽고, 문장을 따라 쓰세요.

이 사람은 누구입니까?
이 사람은 수지 씨입니다.
저 사람은 누구입니까?
저 사람은 현빈 씨입니다.
그 사람은 누구입니까?
그 사람은 지나 씨입니다.

이	사	람	은		누	구	입	니	까	?
이	사	람	은		수	지		씨	입	니	다 .
저	사	람	은		누	구	입	니	까	?
저	사	람	은		현	빈		씨	입	니	다 .
그	사	람	은		누	구	입	니	까	?
그	사	람	은		지	나		씨	입	니	다 .

다음 보기 와 같이 대답을 고쳐 쓰세요.

보기 이분은 누구입니까? (에일리) ⇨ 이분은 에일리 씨입니다.

① 이분은 누구입니까? (심슨)

⇨ _____

② 저분은 누구입니까? (현빈)

⇨ _____

③ 그분은 누구입니까? (밀러)

⇨ _____

④ 이분은 누구입니까? (보리슨)

⇨ _____

⑤ 저분은 누구입니까? (알리)

⇨ _____

⑥ 그분은 누구입니까? (해리)

⇨ _____

⑦ 이분은 누구입니까? (주현)

⇨ _____

⑧ 그분은 누구입니까? (제시카)

⇨ _____

⑨ 이분은 누구입니까? (샘)

⇨ _____

⑩ 저분은 누구입니까? (알렉스)

⇨ _____

다음 보기 와 같이 대답을 고쳐 쓰세요.

보기   이 사람은 누구입니까? (에일리) ⇨ 이 사람은 에일리 씨입니다.

① 이 사람은 누구입니까? (심슨)

⇨ _____

② 저 사람은 누구입니까? (현빈)

⇨ _____

③ 그 사람은 누구입니까? (밀러)

⇨ _____

④ 이 사람은 누구입니까? (보리슨)

⇨ _____

⑤ 저 사람은 누구입니까? (알리)

⇨ _____

⑥ 그 사람은 누구입니까? (해리)

⇨ _____

⑦ 이 사람은 누구입니까? (주현)

⇨ _____

⑧ 그 사람은 누구입니까? (제시카)

⇨ _____

⑨ 이 사람은 누구입니까? (샘)

⇨ _____

⑩ 저 사람은 누구입니까? (알렉스)

⇨ _____

다음 소개할 때의 대화를 읽고, 암기하세요.

| 자주 배울 낱말 | ○ 이분 | ○ 저분 | ○ 그분 |
| | ○ 네 | ○ 아니요 | |

TIP 사람을 가리킬 때 사용하는 말로 높여서 말할 때는 자신의 가까이에 있는 사람은 '이분', 자신과 듣는 사람 멀리 있는 사람은 '저분', 자신에게 멀고 듣는 사람에게 가까운 사람은 '그분'을 사용합니다.

다음 소개할 때의 글을 읽고, 문장을 따라 쓰세요.

이분이 제인 씨입니까?
네, 이분이 제인 씨입니다.
저분이 보리슨 씨입니까?
아니요, 저분이 밀러 씨입니다.
그분이 고리키 씨입니까?
네, 이분이 고리키 씨입니다.

이	분	이		제	인		씨	입	니	까	?
네	,	이	분	이		제	인		씨	입	니	다	.
저	분	이		보	리	슨		씨	입	니	까	?
아	니	요	,	저	분	이		밀	러		씨	입
니	다	.
그	분	이		고	리	키		씨	입	니	까	?
네	,	이	분	이		고	리	키		씨	입	니
다	.

다음 보기 와 같이 대답을 쓰세요.

보기   이분은 현빈 씨입니까? ⇨ 네, 이분은 현빈 씨입니다.

① 이분은 보리슨 씨입니까?
⇨ _____

② 저분은 햄릿 씨입니까?
⇨ _____

③ 그분은 로버트 씨입니까?
⇨ _____

④ 이분은 주예 씨입니까?
⇨ _____

⑤ 저분은 알리 씨입니까?
⇨ _____

⑥ 그분은 해리 씨입니까?
⇨ _____

⑦ 이분은 주현 씨입니까?
⇨ _____

⑧ 저분은 서현 씨입니까?
⇨ _____

⑨ 그분은 샘 씨입니까?
⇨ _____

⑩ 이분은 알렉스 씨입니까?
⇨ _____

다음 보기 와 같이 대답을 쓰세요.

보기   이분은 심슨 씨입니까? (로버트) ⇨ 아니요, 이분은 로버트 씨입니다.

① 이분은 로버트 씨입니까? (보리슨)

⇨ _____

② 저분은 민수 씨입니까? (햄릿)

⇨ _____

③ 그분은 알렉스 씨입니까? (에릭)

⇨ _____

④ 이분은 샘 씨입니까? (주예)

⇨ _____

⑤ 저분은 알리 씨입니까? (제시카)

⇨ _____

⑥ 그분은 에일리 씨입니까? (해리)

⇨ _____

⑦ 이분은 고든 씨입니까? (주현)

⇨ _____

⑧ 그분은 소피아 씨입니까? (해밍턴)

⇨ _____

⑨ 이분은 줄리아 씨입니까? (샘)

⇨ _____

⑩ 저분은 스미스 씨입니까? (알렉스)

⇨ _____

09 대화의 기초 - 친구 소개

다음 친구 소개에 대한 대화를 읽고, 암기하세요.

엔써니 · 제이콥

엔써니 내 친구는 제이콥입니다.
제이콥은 문화 대학교에서 한국어를 배웁니다.
나는 제이콥처럼 한국어를 배우고 싶습니다.

제이콥 내 친구는 엔써니입니다.
엔써니는 미국 사람입니다.
엔써니는 한국어를 배우고 싶어합니다.

자주 배울 낱말

- 내
- 친구
- 한국어[한구거]
- 대학교[대학꾜]
- 배웁니다[배움니다]
- 미국
- 배우고 싶습니다.
- 배우고 싶어합니다.

TIP '친구'란 오래 두고 가깝게 사귀는 사람을 말합니다.

다음 친구 소개에 대한 글을 읽고, 문장을 따라 쓰세요.

내 친구는 제이콥입니다.
제이콥은 문화 대학교에서
한국어를 배웁니다.
나는 제이콥처럼 한국어를
배우고 싶습니다.

내 친구는 엔써니입니다.
엔써니는 미국 사람입니다.
엔써니는 한국어를 배우고 싶어합니다.

다음 알맞은 말에 ○표 하고, 보기 와 같이 고쳐 쓰세요.

보기   나(은, ⓝ) 한국어를 배웁니다. ⇨ 나는 한국어를 배웁니다.

① 선생님(은, 는) 한국어를 가르칩니다.
⇨ _____

② 엔써니(은, 는) 내 친구입니다.
⇨ _____

③ 제이콥(은, 는) 한국어를 배웁니다.
⇨ _____

④ 우리(은, 는) 외국 사람입니다.
⇨ _____

⑤ 저(은, 는) 미국에서 왔습니다.
⇨ _____

⑥ 철수(은, 는) 한국 친구입니다.
⇨ _____

⑦ 영철이(은, 는) 한국 사람입니다.
⇨ _____

⑧ 우리나라(은, 는) 미국입니다.
⇨ _____

⑨ 한국 사람(은, 는) 친절합니다.
⇨ _____

⑩ 당신(은, 는) 중국 사람입니다.
⇨ _____

TIP '~은' 앞에는 받침이 있는 글자가 오고, '~는' 앞에는 받침이 없는 글자가 옵니다.

다음 문장을 보기 와 같이 고쳐 쓰세요.

보기   한국어 ⇨ 한국어를 배우고 싶습니다.

① 그림   ⇨ _____

② 요리   ⇨ _____

③ 영어   ⇨ _____

④ 몽골어   ⇨ _____

⑤ 중국어   ⇨ _____

⑥ 기술   ⇨ _____

⑦ 디자인   ⇨ _____

⑧ 피아노   ⇨ _____

⑨ 마술   ⇨ _____

⑩ 운전   ⇨ _____

⑪ 컴퓨터   ⇨ _____

 '~ㄹ 배우고 싶습니다.'는 말하는 사람의 바람이 담겨 있는 말입니다.

다음을 보기 와 같이 고쳐 쓰세요.

보기 한국어를 배우고 싶습니다. ➪ 한국어를 배우고 싶어요.

① 그림을 배우고 싶습니다.
➪ _____

② 요리를 배우고 싶습니다.
➪ _____

③ 영어를 배우고 싶습니다.
➪ _____

④ 몽골어를 배우고 싶습니다.
➪ _____

⑤ 중국어를 배우고 싶습니다.
➪ _____

⑥ 기술을 배우고 싶습니다.
➪ _____

⑦ 디자인을 배우고 싶습니다.
➪ _____

⑧ 피아노를 배우고 싶습니다.
➪ _____

⑨ 마술을 배우고 싶습니다.
➪ _____

⑩ 운전을 배우고 싶습니다.
➪ _____

TIP '~ 싶습니다.'보다 '~ 싶어요.'가 더 부드러운 표현입니다.

다음을 보기 와 같이 바르게 이어 쓰세요.

보기   배웁니다, 한국어를, 나는 ⇨ 나는 한국어를 배웁니다.

① 한국어를, 선생님은, 가르칩니다.

⇨ _____

② 내, 엔써니는, 친구입니다.

⇨ _____

③ 배웁니다, 제이콥은, 한국어를

⇨ _____

④ 외국, 우리는, 사람입니다.

⇨ _____

⑤ 저는, 왔습니다, 미국에서

⇨ _____

⑥ 철수는, 친구입니다, 한국

⇨ _____

⑦ 사람입니다, 영철이는, 한국

⇨ _____

⑧ 미국입니다, 나라는, 제시카의

⇨ _____

⑨ 사람은, 한국, 친절합니다.

⇨ _____

⑩ 중국, 당신은, 사람입니다.

⇨ _____

다음 대화의 종류를 읽고, 암기하세요.

풀이하는 문장
글씨를 바르게 씁니다.

묻는 문장
글씨를 바르게 씁니까?

시키는 문장
글씨를 바르게 쓰세요.

감탄을 나타내는 문장
와, 글씨를 정말 바르게 쓰는구나!
와, 글씨를 정말 바르게 쓰다니!

권유를 나타내는 문장
글씨를 바르게 씁시다.

자주 배울 낱말

- 글씨
- 바르게
- 씁니다
- 씁니까?
- 쓰세요
- 정말
- 쓰는구나!
- 쓰다니!
- 씁시다

 TIP 문장은 풀이하는 문장(평서문), 묻는 문장(의문문), 감탄을 나타내는 문장(감탄문), 시키는 문장(명령문), 권유하는 문장(청유문)으로 나눌 수 있습니다.

다음 글을 읽고, 대화의 종류를 읽고, 따라 쓰세요.

글씨를 바르게 씁니다.
글씨를 바르게 씁니까?
글씨를 바르게 쓰세요.
와, 글씨를 정말 바르게 쓰는구나!
와, 글씨를 정말 바르게 쓰다니!
글씨를 바르게 씁시다.

다음 문장을 보기 와 같이 고쳐 쓰세요.

보기   보람이는 도서관에 갔습니다. ⇨ 풀이하는 문장

① 학교에 잘 다녀왔습니까?

⇨ _____

② 장미가 참 아름다운 꽃을 피웠구나!

⇨ _____

③ 음식을 골고루 먹읍시다.

⇨ _____

④ 솔이는 노래를 정말 잘 하는구나!

⇨ _____

⑤ 봄에는 꽃들이 많이 핍니다.

⇨ _____

⑥ 시찬이가 학교에 갑니다.

⇨ _____

⑦ 방학을 언제 합니까?

⇨ _____

⑧ 이 그림을 자세히 보아라.

⇨ _____

⑨ 모두 조용히 합시다.

⇨ _____

⑩ 여기에 앉으십시오.

⇨ _____

다음 문장을 보기 와 같이 고쳐 쓰세요.

> 보기
> 보람이는 도서관에 갔습니다. [묻는 문장]
> ⇨ 보람이는 도서관에 갔습니까?

① 학교에 잘 다녀왔습니까? [시키는 문장]

ㅤ⇨ _____

② 장미가 참 아름다운 꽃을 피웠습니다. [감탄하는 문장]

ㅤ⇨ _____

③ 음식을 골고루 먹읍시다. [풀이하는 문장]

ㅤ⇨ _____

④ 학교에 가서 열심히 공부했습니다. [권유하는 문장]

ㅤ⇨ _____

⑤ 봄에는 꽃들이 많이 핍니다. [감탄하는 문장]

ㅤ⇨ _____

⑥ 시찬이가 학교에 갑니다. [묻는 문장]

ㅤ⇨ _____

⑦ 무척 파란 하늘에 하얀 구름이 흘러가는구나! [풀이하는 문장]

ㅤ⇨ _____

⑧ 이 그림을 자세히 보아라. [권유하는 문장]

ㅤ⇨ _____

 TIP 문장은 풀이하는 문장은 '~다.' 묻는 문장은 '~까?', 감탄하는 문장은 '~구나!', 시키는 문장은 '~라.' 권유하는 문장은 '~합시다.', '~하자.' 등으로 씁니다.

다음을 보기 와 같이 고쳐 쓰세요.

보기
학교에 잘 다녀왔습니까?
⇨ 학교에 잘 다녀왔는가?　　⇨ 학교에 잘 다녀왔니?

① 제이든은 어디에 갔습니까?
　⇨ _____
　⇨ _____

② 치마를 좀 구경했습니까?
　⇨ _____
　⇨ _____

보기
아주 아름답게 피었구나!
⇨ 아주 아름답게 피었군!　　⇨ 아주 아름답게 피었어!

① 참 빠르게 컸구나!
　⇨ _____
　⇨ _____

② 정말 귀엽게 자랐구나!
　⇨ _____
　⇨ _____

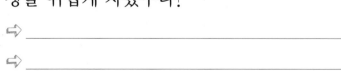

TIP 묻는 문장이란 말하는 이가 듣는 이에게 질문을 하여 그 대답을 요구하는 문장으로 끝맺을 때에는 '-니, -는가, -ㅂ니까' 등의 종결어미를 쓰고, 문장부호는 주로 물음표(?)를 씁니다.
감탄을 나타내는 문장이란 말하는 이가 기쁨, 슬픔, 놀람 등 자신의 느낌을 나타내는 문장으로 끝맺을 때에는 '-구나, -로구나, -군' 등의 종결어미를 쓰고, 문장부호는 주로 느낌표(!)를 씁니다.

다음을 보기 와 같이 고쳐 쓰세요.

보기
학교에 잘 다녀오십시오.
⇨ 학교에 잘 다녀오거라. ⇨ 학교에 잘 다녀오게.

① 이 물건을 자세히 보십시오.

⇨ _____

⇨ _____

② 빨리 청소를 하십시오.

⇨ _____

⇨ _____

보기
청소를 같이 합시다.
⇨ 청소를 같이 하세. ⇨ 청소를 같이 하자.

① 집에 같이 갑시다.

⇨ _____

⇨ _____

② 운동을 하러 갑시다.

⇨ _____

⇨ _____

TIP 시키는 문장이란 말하는 이가 듣는 이에게 어떤 행동을 하도록 요구하는 문장으로 끝맺을 때에는 '-어라, -게, -십시오, -라' 등의 종결어미를 쓰고, 문장부호는 주로 마침표(.)를 씁니다. 권유하는 문장이란 말하는 이가 듣는 이에게 어떤 행동을 함께 하기를 요청하는 문장으로 끝맺을 때에는 '-자, -세, -ㅂ시다' 등의 종결어미를 쓰고, 문장부호는 주로 마침표(.)를 씁니다.

다양한 이웃

다음 과일 가게에서 하는 대화를 읽고, 암기하세요.

손님

주인

손님	이것은 무엇입니까?
주인	이것은 수박입니다.
손님	저것은 무엇입니까?
주인	저것은 참외입니다.
손님	그것은 무엇입니까?
주인	그것은 토마토입니다.
손님	그것은 얼마입니까?
주인	그것은 500원입니다.

자주 배울 낱말

- 이것은[이거슨]
- 무엇입니까?[무어심니까?]
- 수박
- 참외
- 토마토
- 얼마입니까?
- 500원

TIP 물건을 가리킬 때 자신과 말을 듣는 사람 가까이에 있는 물건은 '이것', 자신과 듣는 사람 멀리 있는 물건은 '저것', 자신에게 멀고 듣는 사람에게 가까운 물건은 '그것'을 사용합니다.

다음 과일 가게에서 하는 대화를 읽고, 문장을 따라 쓰세요.

이것은 무엇입니까?
이것은 수박입니다.
저것은 무엇입니까?
저것은 참외입니다.
그것은 무엇입니까?
그것은 토마토입니다.

01 다양한 이웃 - 과일 가게에서

다음 보기 와 같이 대답을 쓰세요.

보기 이것은 무엇입니까? (수박) ⇨ 이것은 수박입니다.

① 저것은 무엇입니까? (참외)

⇨ _____

② 그것은 무엇입니까? (토마토)

⇨ _____

③ 이것은 무엇입니까? (파인애플)

⇨ _____

④ 저것은 무엇입니까? (바나나)

⇨ _____

⑤ 그것은 무엇입니까? (사과)

⇨ _____

⑥ 이것은 무엇입니까? (배)

⇨ _____

⑦ 저것은 무엇입니까? (오렌지)

⇨ _____

⑧ 그것은 무엇입니까? (감)

⇨ _____

⑨ 이것은 무엇입니까? (복숭아)

⇨ _____

⑩ 저것은 무엇입니까? (밤)

⇨ _____

다음 보기 와 같이 대답을 쓰세요.

보기   이것은 얼마입니까? (10000원) ⇨ 이것은 10000원입니다.

① 저것은 얼마입니까? (8000원)   ⇨ _____

② 그것은 얼마입니까? (5000원)   ⇨ _____

③ 이것은 얼마입니까? (3000원)   ⇨ _____

④ 저것은 얼마입니까? (1000원)   ⇨ _____

⑤ 그것은 얼마입니까? (1900원)   ⇨ _____

⑥ 이것은 얼마입니까? (7500원)   ⇨ _____

⑦ 저것은 얼마입니까? (6400원)   ⇨ _____

⑧ 그것은 얼마입니까? (500원)   ⇨ _____

⑨ 이것은 얼마입니까? (200원)   ⇨ _____

⑩ 저것은 얼마입니까? (50원)   ⇨ _____

TIP 10000원(만 원), 9000원(구천 원), 8000원(팔천 원), 7000원(칠천 원), 6000원(육천 원), 5000원(오천 원), 4000원(사천 원), 3000원(삼천 원), 2000원(이천 원), 1000원(천 원)으로 두 가지가 다 쓰입니다.

다음 빈 곳에 알맞은 말을 보기 에서 찾아 쓰세요.

보기 은, 입니다, 입니까?, 이것, 저것, 그것

① 이것은 무엇 _____ ⇨ _____ 은 사과입니다.

② 저것은 무엇 _____ ⇨ _____ 은 수박입니다.

③ 그것은 무엇 _____ ⇨ _____ 은 참외입니다.

④ 이것_____ 무엇입니까? ⇨ _____ 은 배 _____

⑤ 저것_____ 무엇입니까? ⇨ _____ 은 복숭아 _____

⑥ 그것_____ 무엇입니까? ⇨ _____ 은 파인애플 _____

⑦ _____ 은 무엇입니까? ⇨ 이것은 바나나 _____

⑧ _____ 은 무엇입니까? ⇨ 저것은 오렌지 _____

⑨ _____ 은 무엇입니까? ⇨ 그것은 레몬 _____

⑩ 이것은 무엇입니까? ⇨ _____ 포도 _____

다음을 보기 와 같이 바르게 이어 쓰세요.

보기 이것은, 입니다, 참외 ⇨ 이것은 참외입니다.

① 저것은, 입니다, 사과 ⇨ _____

② 저것은, 입니다. 수박 ⇨ _____

③ 참외, 저것은, 입니다 ⇨ _____

④ 배, 입니다, 이것은 ⇨ _____

⑤ 그것은, 입니다, 복숭아 ⇨ _____

⑥ 파인애플, 이것은, 입니다 ⇨ _____

⑦ 바나나, 입니다, 저것은 ⇨ _____

⑧ 입니다, 이것은, 오렌지 ⇨ _____

⑨ 딸기, 그것은, 입니다 ⇨ _____

⑩ 이것은, 입니다, 귤 ⇨ _____

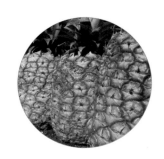
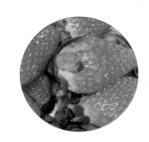

다음 **옷 가게**에서 하는 대화를 읽고, 암기하세요.

점원

에밀리

제시카

점원	어서 오세요.
에밀리	옷을 좀 구경해도 되나요?
점원	그럼요. 뭘 도와 드릴까요?
에밀리	바지를 한 벌 사려고요.
점원	저분은 뭘 도와 드릴까요?
제시카	저는 양말을 한 켤레 사려고요.
점원	마음에 드는 바지와 양말을 골라 보세요.
에밀리	가격이 얼마죠?
점원	바지는 20000원이고, 양말은 2500원이에요.

자주 배울 낱말

○ 오세요 ○ 소나기 ○ 하늘이[하느리] ○ 오늘 ○ 비

○ 우산이[우사니] ○ 집 ○ 빨리 ○ 최고 ○ 얼마죠?

TIP '가게'란 작은 규모의, 물건을 파는 집을 말합니다.

다음 옷 가게에서 하는 대화를 읽고, 문장을 따라 쓰세요.

옷을 좀 구경해도 되나요?
그럼요. 뭘 도와 드릴까요?
바지를 한 벌 사려고요.
저분은 뭘 도와 드릴까요?
저는 양말을 한 켤레 사려고요.
마음에 드는 바지와 양말을
골라 보세요.
가격이 얼마죠?
바지는 20000원이고, 양말은 2500원이에요.

다음 알맞은 말에 ○표 하고, 보기 와 같이 다시 쓰세요.

보기 바지(을, 를) 하나 삽니다. ⇨ 바지를 하나 삽니다.

① 치마(을, 를) 하나 고릅니다.
⇨ _____

② 양말(을, 를) 한 켤레 삽니다.
⇨ _____

③ 넥타이(을, 를) 하나 고릅니다.
⇨ _____

④ 옷(을, 를) 구경합니다.
⇨ _____

⑤ 작업복(을, 를) 한 벌 찾습니다.
⇨ _____

⑥ 잠옷(을, 를) 한 벌 삽니다.
⇨ _____

⑦ 점퍼(을, 를) 하나 고릅니다.
⇨ _____

⑧ 와이셔츠(을, 를) 하나 삽니다.
⇨ _____

⑨ 티셔츠(을, 를) 하나 고릅니다.
⇨ _____

⑩ 교복(을, 를) 한 벌 삽니다.
⇨ _____

 TIP '~을' 앞에는 받침이 있는 글자가 오고, '~를' 앞에는 받침이 없는 글자가 옵니다.

다음을 보기 와 같이 고쳐 쓰세요.

보기 바지를 하나 삽니다. ⇨ 바지를 하나 사려고요.

① 정장을 한 벌 삽니다.
ⅰ _____

② 치마를 하나 고릅니다.
ⅰ _____

③ 양말을 한 켤레 삽니다.
ⅰ _____

④ 넥타이를 하나 고릅니다.
ⅰ _____

⑤ 옷을 구경합니다.
ⅰ _____

⑥ 작업복을 한 벌 찾습니다.
ⅰ _____

⑦ 잠옷을 한 벌 삽니다.
ⅰ _____

⑧ 점퍼를 하나 고릅니다.
ⅰ _____

⑨ 와이셔츠를 하나 삽니다.
ⅰ _____

⑩ 티셔츠를 하나 고릅니다.
ⅰ _____

TIP '~ㅂ니다.'는 하고 있는 행동을 나타내고, '~려고요.'는 앞으로 일어날 일을 미리 말하는 것입니다.

다음을 보기 와 같이 고쳐 쓰세요.

보기 　옷을 좀 구경합니다. ⇨ 옷을 좀 구경해도 되나요?

① 정장을 좀 구경합니다.
⇨ _____

② 치마를 좀 구경합니다.
⇨ _____

③ 양말을 좀 구경합니다.
⇨ _____

④ 넥타이를 좀 구경합니다.
⇨ _____

⑤ 옷을 좀 구경합니다.
⇨ _____

⑥ 작업복을 좀 구경합니다.
⇨ _____

⑦ 잠옷을 좀 구경합니다.
⇨ _____

⑧ 점퍼를 좀 구경합니다.
⇨ _____

⑨ 와이셔츠를 좀 구경합니다.
⇨ _____

⑩ 티셔츠를 좀 구경합니다.
⇨ _____

 '~ㅂ니다.'를 문장을 묻는 문장, '~해도 되나요?'로 바꾸는 문제입니다.

다음을 보기 와 같이 고쳐 쓰세요.

> 보기
>
> 바지는 20000원입니다. 그리고 양말은 2500원이에요.
> ⇨ 바지는 20000원이고, 양말은 2500원이에요.

① 정장은 200000원입니다. 그리고 치마는 15000원이에요.

⇨ _____

② 치마는 15000원입니다. 그리고 양말은 2500원이에요.

⇨ _____

③ 양말은 2500원입니다. 그리고 넥타이는 10000원이에요.

⇨ _____

④ 넥타이는 10000원입니다. 그리고 옷은 가격이 다 달라요.

⇨ _____

⑤ 옷은 가격이 다 다릅니다. 그리고 작업복은 30000원이에요.

⇨ _____

⑥ 작업복은 30000원입니다. 그리고 잠옷은 17000원이에요.

⇨ _____

⑦ 잠옷은 17000원입니다. 그리고 점퍼는 50000원이에요.

⇨ _____

⑧ 점퍼는 50000원입니다. 그리고 와이셔츠는 20000원이에요.

⇨ _____

⑨ 와이셔츠는 20000원입니다. 그리고 티셔츠는 6000원이에요.

⇨ _____

⑩ 티셔츠는 6000원입니다. 그리고 교복은 180000원이에요.

⇨ _____

TIP '~입니다. 그리고 ~'는 '~이고, ~'로 바꿔, 문장을 이을 수 있습니다.

다음 슈퍼마켓에서 하는 대화를 읽고, 암기하세요.

아줌마

소피아

아줌마 어서 오세요.

소피아 바나나 좀 주세요.

바나나 한 송이에 얼마입니까?

아줌마 한 송이에 천 원입니다.

소피아 세 송이 주십시오.

맥주도 두 병 주세요.

아줌마 여기 있어요.

모두 육천 원입니다.

소피아 감사합니다.

자주 배울 낱말

- 바나나
- 송이
- 천
- 원
- 맥주
- 주십시오
- 여기
- 모두
- 육천
- 감사합니다

 TIP '슈퍼마켓'은 물건을 살 사람이 직접 물건을 고르고 물건 값은 계산대에서 치르도록 되어 있는 규모가 큰 가게를 말합니다.

다음 슈퍼마켓에서 하는 대화를 읽고, 문장을 따라 쓰세요.

어서 오세요.
바나나 좀 주세요.
바나나 한 송이에 얼마입니까?
한 송이에 천 원입니다.
세 송이 주십시오.
맥주도 두 병 주세요.
여기 있어요.
모두 육천 원입니다.
감사합니다.

다음 알맞은 말에 ○표 하고, 보기 와 같이 다시 쓰세요.

보기   바나나 한 (개, ⨀송이) 주세요. ⇨ 바나나 한 송이 주세요.

① 맥주 세 (병, 개) 드릴까요?
　⇨ _____

② 사과 네 (개, 대)만 주세요.
　⇨ _____

③ 볼펜 두 (자루, 대)만 주세요.
　⇨ _____

④ 주스 한 (잔, 벌)만 마시겠어요.
　⇨ _____

⑤ 물 한 (그루, 컵)만 따르세요.
　⇨ _____

⑥ 사람 두 (병, 명)이 서 있습니다.
　⇨ _____

⑦ 바다에 배 두 (자루, 척)이 떠 있습니다.
　⇨ _____

⑧ 옷 한 (병, 벌)만 사 주세요.
　⇨ _____

⑨ 자동차 다섯 (대, 잔)가 서 있습니다.
　⇨ _____

⑩ 나무 세 (그루, 개)를 심었습니다.
　⇨ _____

TIP   각 물건에 따른 세는 말이 다름을 알아둡시다.

다음을 보기 와 같이 고쳐 쓰세요.

보기 바나나 좀 주십시오. ⇨ 바나나 좀 주세요.

① 열심히 공부하십시오.

⇨ _____

② 빨리 오십시오.

⇨ _____

③ 책을 많이 읽으십시오.

⇨ _____

④ 창 밖을 보십시오.

⇨ _____

⑤ 피아노를 배우십시오.

⇨ _____

⑥ 친구를 만나십시오.

⇨ _____

⑦ 일을 열심히 하십시오.

⇨ _____

⑧ 영화를 보십시오.

⇨ _____

⑨ 노래를 흥겹게 부르십시오.

⇨ _____

⑩ 꽃을 심으십시오.

⇨ _____

 TIP '~십시오.'와 '~세요.'는 표현만 다를 뿐 내용은 같습니다.

다음 보기 와 같이 대답을 쓰세요.

보기

바나나 한 송이에 얼마입니까? [1000원]
➩ 바나나 한 송이에 1000원입니다.

① 맥주 한 병에 얼마입니까? [2300원]
➩ _____

② 사과 한 개에 얼마입니까? [1200원]
➩ _____

③ 볼펜 한 자루에 얼마입니까? [150원]
➩ _____

④ 주스 한 잔에 얼마입니까? [3000원]
➩ _____

⑤ 두부 한 모에 얼마입니까? [1000원]
➩ _____

⑥ 파 한 단에 얼마입니까? [2000원]
➩ _____

⑦ 배추 한 포기에 얼마입니까? [2500원]
➩ _____

⑧ 양말 한 켤레에 얼마입니까? [2300원]
➩ _____

⑨ 수박 한 통에 얼마입니까? [9000원]
➩ _____

⑩ 나무 한 그루에 얼마입니까? [8000원]
➩ _____

 TIP 세는 말 중 돈의 크기를 문장으로 표현해 보는 문제입니다.

다음을 보기 와 같이 세는 말로 고쳐 쓰세요.

보기　100원 ⇨ 백 원

① 300원

⇨ _____

② 500원

⇨ _____

③ 700원

⇨ _____

④ 1000원

⇨ _____

⑤ 2000원

⇨ _____

⑥ 6000원

⇨ _____

⑦ 9000원

⇨ _____

⑧ 350원

⇨ _____

⑨ 1760원

⇨ _____

⑩ 7650원

⇨ _____

 TIP 세는 말(단위) 중 돈의 세는 말을 연습하며, 한글로 쓸 때, 원은 띄어 씁니다.

04 다양한 이웃 - 카페에서

다음 카페에서 일어나는 대화를 읽고, 암기하세요.

점원	어서 오세요. 두 분이세요?
서배나	아니오. 조금 후에 한 분이 더 올 거예요.
점원	무엇을 드시겠어요?
알리사	저는 맥주요.
서배나	저는 맥주보다 와인이 낫겠어요.
알리사	저기 사만다가 와요.
서배나	사만다, 왜 늦었어요?
사만다	미안해요. 택시가 밀려서 빨리 올 수가 없었어요.

자주 배울 낱말

○ 오세요	○ 분이세요?[부니세요]		○ 아니오	○ 조금
○ 후에	○ 더	○ 무엇을[무어슬]	○ 맥주	○ 와인
○ 저기	○ 왜	○ 택시	○ 빨리	○ 없었어요[업써써요]

TIP '카페'는 커피나 음료, 술 또는 가벼운 서양 음식을 파는 가게를 말합니다.

다음 카페에서 일어나는 대화를 읽고, 문장을 따라 쓰세요.

어서 오세요. 두 분이세요?
아니오. 조금 후에 한 분이 더 올 거예요.
무엇을 드시겠어요?
저는 맥주요.
저는 맥주보다 와인이 낫겠어요.
저기 사만다가 와요.

사만다, 왜 늦었어요?
미안해요.
택시가 밀려서 빨리 올 수가 없었어요.

04 다양한 이웃 – 카페에서

다음을 보기 와 같이 고쳐 쓰세요.

> 보기
> 조금 후, 한 분, 더 올 거예요.
> ⇨ 조금 후에 한 분이 더 올 거예요.

① 잠시 후, 밥, 먹을 거예요.
　⇨ _____

② 30분 후, 친구, 만날 거예요.
　⇨ _____

③ 한 시간 후, 도서관, 갈 거예요.
　⇨ _____

④ 식사 후, 책, 읽을 거예요.
　⇨ _____

⑤ 잠시 후, 한 분, 더 올 거예요.
　⇨ _____

⑥ 10분 후, 커피, 마실 거예요.
　⇨ _____

⑦ 두 시간 후, 잠, 잘 거예요.
　⇨ _____

⑧ 하루 후, 삼촌 댁, 갈 거예요.
　⇨ _____

⑨ 한 달 후, 여행, 갈 거예요.
　⇨ _____

⑩ 일 년 후, 자격증, 딸 거예요.
　⇨ _____

TIP 시간과 장소를 나타내는 조사 '~에'와 목적을 나타내는 조사 '~을', 주격 조사 '~이'를 적절하게 넣어 문장을 완성해 봅시다.

다음 보기 와 같이 대답을 쓰세요.

> 보기
>
> 무엇을 드시겠어요? [커피]
> ⇨ 저는 커피요.

① 무엇을 드시겠어요? [오렌지 주스]

⇨ _____

② 무엇을 드시겠어요? [홍차]

⇨ _____

③ 무엇을 드시겠어요? [우유]

⇨ _____

④ 무엇을 드시겠어요? [사이다]

⇨ _____

⑤ 무엇을 드시겠어요? [콜라]

⇨ _____

⑥ 무엇을 드시겠어요? [환타]

⇨ _____

⑦ 무엇을 드시겠어요? [체리 주스]

⇨ _____

⑧ 무엇을 드시겠어요? [레몬 주스]

⇨ _____

⑨ 무엇을 드시겠어요? [녹차]

⇨ _____

⑩ 무엇을 드시겠어요? [인삼차]

⇨ _____

다음을 보기 와 같이 고쳐 쓰세요.

보기
커피, 홍차
⇨ 커피보다 홍차가 낫겠어요.

① 사과, 바나나
⇨ _____

② 우유, 주스
⇨ _____

③ 사탕, 과자
⇨ _____

④ 홍차, 율무차
⇨ _____

⑤ 감자, 고구마
⇨ _____

⑥ 피자, 빈대떡
⇨ _____

⑦ 레몬차, 토마토 주스
⇨ _____

⑧ 연필, 볼펜
⇨ _____

⑨ 운동화, 구두
⇨ _____

⑩ 택시, 지하철
⇨ _____

 TIP '~보다'는 어떤 수준이나 이전의 상태에 비하여 '한층 더'라는 뜻이 있습니다.

다음 보기 와 같이 대답을 쓰세요.

보기
> 왜 늦었어요? [택시가 밀리다]
> ⇨ 택시가 밀려서 빨리 올 수가 없었어요.

① 왜 학교에 늦었어요? [늦잠을 자다]
⇨ _____

② 왜 도서관에 못 왔어요? [배가 아프다]
⇨ _____

③ 왜 책을 못 읽었어요? [책을 잃어버리다]
⇨ _____

④ 왜 수영을 배우지 못 했어요? [시간이 없다]
⇨ _____

⑤ 왜 삼촌 댁에 못 갔어요? [할 일이 많다]
⇨ _____

⑥ 왜 걷지 못 했어요? [다리가 아프다]
⇨ _____

⑦ 왜 먹지 못 했어요? [음식이 상하다]
⇨ _____

⑧ 왜 놀지 못 했어요? [바닥에 돌이 있다]
⇨ _____

⑨ 왜 살 빼지 못 했어요? [너무 먹다]
⇨ _____

⑩ 왜 잠 자지 못 했어요? [할 일이 많다]
⇨ _____

TIP '~서'는 '~다, 그래서'와 같은 의미로 문장을 이어줘 앞에는 원인이, 뒤에는 결과의 내용이 나옵니다.

다음 미용실에서 일어나는 대화를 읽고, 암기하세요.

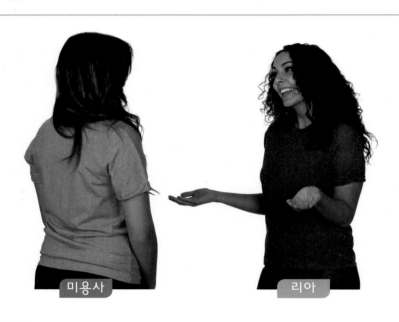

미용사 | 리아

미용사	어떻게 해 드릴까요?
리아	머리를 좀 짧게 잘라 주세요.
미용사	짧은 머리는 좀 어울리지 않는 것 같아요.
리아	그럼, 이 가수처럼 해 주세요.
미용사	그래요. 가수와 같게 해 드릴게요.
	자리에 앉으세요.

자주 배울 낱말

○ 머리　　○ 좀　　○ 짧게[짭께]　　○ 잘라　　○ 주세요

○ 같아요[가타요]　　○ 그럼　　○ 가수　　○ 자리

TIP '미용실'은 파마, 커트, 화장, 그밖의 미용술로 주로 머리 따위를 단정하고 아름답게 해 주는 것을 일로 하는 가게입니다.

다음 미용실에서 일어나는 대화를 읽고, 문장을 따라 쓰세요.

어떻게 해 드릴까요?
머리를 좀 짧게 잘라 주세요.
짧은 머리는 좀 어울리지
않는 것 같아요.
그럼, 이 가수처럼 해 주세요.
그래요. 가수와 같게 해 드릴게요.
자리에 앉으세요.

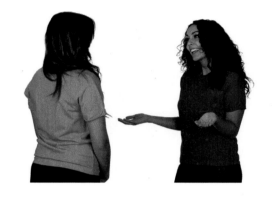

05 **다양한 이웃** – 미용실에서

다음 보기 와 같이 대답을 쓰세요.

> 보기
> 어떻게 해 드릴까요? [머리를 짧게 자르다.]
> ⇨ 머리를 짧게 잘라 주세요.

① 어떻게 해 드릴까요? [머리를 약간 길게 자르다.]
  ⇨ _____

② 어떻게 해 드릴까요? [파마를 하다.]
  ⇨ _____

③ 어떻게 해 드릴까요? [갈색으로 염색하다.]
  ⇨ _____

④ 어떻게 해 드릴까요? [조금 다듬다.]
  ⇨ _____

⑤ 어떻게 해 드릴까요? [머리를 빗다.]
  ⇨ _____

⑥ 어떻게 해 드릴까요? [머리를 감다.]
  ⇨ _____

⑦ 어떻게 해 드릴까요? [머리를 말리다.]
  ⇨ _____

⑧ 어떻게 해 드릴까요? [옆머리를 자르다.]
  ⇨ _____

⑨ 어떻게 해 드릴까요? [뒷머리를 자르다.]
  ⇨ _____

⑩ 어떻게 해 드릴까요? [단발머리로 하다.]
  ⇨ _____

> TIP '동사(풀이하는 말)'를 변화시켜 봅니다. 예외로 변하는 것은 잘 암기해 두었다가 다음 기회에 사용합니다.

다음을 보기 와 같이 고쳐 쓰세요.

보기
이 가수처럼 해 주세요.
⇨ 이 가수와 같게 해 주세요.

① 한 집안 식구처럼 대해 주세요.
⇨ _____

② 꽃처럼 예쁘게 해 주세요.
⇨ _____

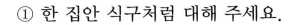

③ 아무 일도 없었던 것처럼 해 주세요.
⇨ _____

④ 인형처럼 귀엽게 해 주세요.
⇨ _____

⑤ 자기 동생처럼 귀여워해 주세요.
⇨ _____

⑥ 꿀처럼 달콤하게 해 주세요.
⇨ _____

⑦ 사과처럼 둥그렇게 해 주세요.
⇨ _____

⑧ 불처럼 뜨겁게 해 주세요.
⇨ _____

⑨ 거울처럼 맑게 해 주세요.
⇨ _____

⑩ 얼음처럼 차갑게 해 주세요.
⇨ _____

 '~처럼'은 앞 말에 붙어서, '~와(과) 같이, ~ 모양으로' 등의 뜻을 나타냅니다.

다음을 보기 와 같이 고쳐 쓰세요.

보기
머리, 짧다, 자르다
⇨ 머리를 짧게 잘라 주세요.

① 색종이, 예쁘다, 자르다
⇨ _____

② 바지, 헐렁하다, 만들다
⇨ _____

③ 종이, 길다, 붙이다
⇨ _____

④ 허리, 크다, 키우다
⇨ _____

⑤ 끈, 짧다, 자르다
⇨ _____

⑥ 바지통, 넓다, 늘이다
⇨ _____

⑦ 커피, 맛있다, 끓이다.
⇨ _____

⑧ 머리, 예쁘다, 말다
⇨ _____

⑨ 머리, 검다, 염색하다
⇨ _____

⑩ 된장국, 맛있다, 끓이다
⇨ _____

TIP 이 부분에서는 꾸미는 말(형용사)을 '~게'로, 동사를 '~ 주세요'로 바꾸는 법을 배웁니다.

다음을 보기 와 같이 바르게 이어 쓰세요.

보기
맛있게, 된장국을, 끓여 주세요.
⇨ 된장국을 맛있게 끓여 주세요.

① 끓여 주세요, 맛있게, 커피를

⇨ _____

② 길게 붙여, 종이를, 주세요

⇨ _____

③ 잘라 주세요, 짧게, 끈을

⇨ _____

④ 바지통을, 늘여 주세요, 넓게

⇨ _____

⑤ 말아 주세요, 예쁘게, 머리를

⇨ _____

⑥ 바지를, 만들어 주세요, 헐렁하게

⇨ _____

⑦ 염색해, 검게, 주세요, 머리를

⇨ _____

⑧ 머리를, 다듬어, 깨끗하게, 주세요

⇨ _____

⑨ 크게, 주세요, 키워, 허리를

⇨ _____

⑩ 잘라, 짧게, 주세요, 머리를

⇨ _____

다음 세탁소에서 하는 대화를 읽고, 암기하세요.

아저씨

릴리안

아저씨	어떻게 해 드릴까요?
릴리안	아저씨, 이 옷 좀 세탁해 주실 수 있어요?
아저씨	뭐가 묻었어요?
릴리안	껌이 묻었는데 안 떼어져요.
아저씨	말끔하게 없애 드릴게요.
릴리안	언제까지 해 주실 수 있어요?
아저씨	내일까지 해 드릴게요.

자주 배울 낱말

- 아저씨
- 옷
- 좀
- 세탁해[세탁케]
- 묻었어요[무더써요]
- 껌
- 말끔하게
- 내일

TIP '세탁소'는 돈을 받고 남의 빨래나 다림질 따위를 해 주는 곳입니다.

다음 세탁소에서 일어나는 대화를 읽고, 문장을 따라 쓰세요.

어떻게 해 드릴까요?
아저씨, 이 옷 좀 세탁해 주실 수 있어요?
뭐가 묻었어요?
껌이 묻었는데 안 떼어져요.
말끔하게 없애 드릴게요.
언제까지 해 주실 수 있어요?
내일까지 해 드릴게요.

다음 보기 와 같이 대답을 쓰세요.

> 보기
>
> 어떻게 해 드릴까요? [소매, 줄이다]
> ⇨ 소매를 줄여 주세요.

① 어떻게 해 드릴까요? [소매, 늘이다]
⇨ _____

② 어떻게 해 드릴까요? [어깨, 늘이다]
⇨ _____

③ 어떻게 해 드릴까요? [어깨, 줄이다]
⇨ _____

④ 어떻게 해 드릴까요? [길이, 줄이다]
⇨ _____

⑤ 어떻게 해 드릴까요? [길이, 늘이다]
⇨ _____

⑥ 어떻게 해 드릴까요? [치맛단, 줄이다]
⇨ _____

⑦ 어떻게 해 드릴까요? [치맛단, 늘이다]
⇨ _____

⑧ 어떻게 해 드릴까요? [허리, 줄이다]
⇨ _____

⑨ 어떻게 해 드릴까요? [허리, 늘이다]
⇨ _____

⑩ 어떻게 해 드릴까요? [품, 줄이다]
⇨ _____

 TIP 움직임말(동사)을 '~여 주세요'로 바꾸는 방법을 배웁니다.

다음을 보기 와 같이 고쳐 쓰세요.

보기
이 옷, 세탁하다
⇨ 이 옷 좀 세탁해 주실 수 있어요?

① 이 땀, 닦다
⇨ _____

② 이 낙서, 지우다
⇨ _____

③ 이 물건, 주다
⇨ _____

④ 안부 전화, 하다
⇨ _____

⑤ 멋진 집, 짓다
⇨ _____

⑥ 이 인형, 사다
⇨ _____

⑦ 이 예쁜 차, 사다
⇨ _____

⑧ 여행, 같이 가다
⇨ _____

⑨ 용돈, 주다
⇨ _____

⑩ 이 물건, 맡다
⇨ _____

 TIP '~다'의 움직임말을 묻는 대화체인 '~ 주실 수 있어요?'로 문장을 고쳐 봅니다.

다음을 보기 와 같이 고쳐 쓰세요.

 껌이 묻다, 안 떼어지다
⇨ 껌이 묻었는데 안 떼어져요.

① 때가 묻다, 잘 지워지다
⇨ _____

② 잉크가 묻다, 안 지워지다
⇨ _____

③ 기름이 묻다, 잘 지워지다
⇨ _____

④ 흙이 묻다, 안 지워지다
⇨ _____

⑤ 물이 묻다, 잘 지워지다
⇨ _____

⑥ 밀가루가 묻다, 안 털리다
⇨ _____

⑦ 피가 묻다, 안 지워지다
⇨ _____

⑧ 먼지가 묻다, 잘 털리다
⇨ _____

⑨ 주스가 묻다, 안 지워지다
⇨ _____

⑩ 꽃가루가 묻다, 잘 지워지다
⇨ _____

TIP 움직임말(동사) '묻다'를 '묻었는데'로 고치며, '지워지다'를 '지워져요' 등으로 바꾸는 것을 배웁니다.

다음을 보기 와 같이 고쳐 쓰세요.

> 보기
>
> 말끔하다, 지우다
> ⇨ 말끔하게 지워 드릴게요.

① 깨끗하다, 빨다
   ⇨ _____

② 아름답다, 꾸미다
   ⇨ _____

③ 맑다, 닦다
   ⇨ _____

④ 가볍다, 들다
   ⇨ _____

⑤ 어둡다, 닫다
   ⇨ _____

⑥ 빨갛다, 칠하다
   ⇨ _____

⑦ 달콤하다, 익히다
   ⇨ _____

⑧ 고소하다, 만들다
   ⇨ _____

⑨ 맛있다, 요리하다
   ⇨ _____

⑩ 예쁘다, 다듬다
   ⇨ _____

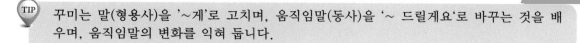

TIP 꾸미는 말(형용사)을 '~게'로 고치며, 움직임말(동사)을 '~ 드릴게요'로 바꾸는 것을 배우며, 움직임말의 변화를 익혀 둡니다.

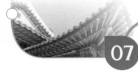

다음 은행에서 하는 대화를 읽고, 암기하세요.

은행원   에일리

은행원	어서 오세요.
에일리	저금 통장을 만들려고 왔어요.
은행원	신분증 가져 오셨어요?
에일리	네, 여기 있어요.
은행원	신청서의 빈 곳에 내용을 써 주세요.
에일리	신청서 다 썼어요.
은행원	신용 카드도 만드실 거예요?
에일리	네, 하나만 만들어 주세요.

자주 배울 낱말
- 어서   - 저금 통장   - 신분증   - 여기   - 신청서   - 다
- 내용   - 신용 카드   - 하나

TIP '은행'은 예금을 맡거나 대출·어음 거래 및 증권 인수 등을 업무로 하는 금융 기관입니다.

다음 은행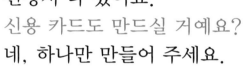에서 일어나는 대화를 읽고, 문장을 따라 쓰세요.

어서 오세요.

저금 통장을 만들려고 왔어요.

신분증 가져 오셨어요?

네, 여기 있어요.

신청서의 빈 곳에 내용을 써 주세요.

신청서 다 썼어요.

신용 카드도 만드실 거예요?

네, 하나만 만들어 주세요.

07 다양한 이웃 – 은행에서

다음 보기 와 같이 대답을 쓰세요.

> 보기
> 어떻게 오셨어요? [저금통장을 만들다.]
> ⇨ 저금통장을 만들려고 왔어요.

① 어떻게 오셨어요? [이자를 알아보다]

⇨ _____

② 어떻게 오셨어요? [예금을 하다]

⇨ _____

③ 어떻게 오셨어요? [저금을 하다]

⇨ _____

④ 어떻게 오셨어요? [입금을 하다]

⇨ _____

⑤ 어떻게 오셨어요? [돈을 찾다]

⇨ _____

⑥ 어떻게 오셨어요? [대출을 하다]

⇨ _____

⑦ 어떻게 오셨어요? [출금을 하다]

⇨ _____

⑧ 어떻게 오셨어요? [송금을 하다]

⇨ _____

⑨ 어떻게 오셨어요? [환전을 하다]

⇨ _____

⑩ 어떻게 오셨어요? [잔액 조회를 하다]

⇨ _____

다음을 보기 와 같이 고쳐 쓰세요.

> 보기
>
> 신용 카드도 만들다.
> ⇨ 신용 카드도 만드실 거예요?

① 가방도 사다.

⇨ _____

② 케이크도 먹다.

⇨ _____

③ 노래도 부르다.

⇨ _____

④ 운동도 하다.

⇨ _____

⑤ 영화도 보다.

⇨ _____

⑥ 삼촌 댁에도 가다.

⇨ _____

⑦ 우리집에도 오다.

⇨ _____

⑧ 일기도 쓰다.

⇨ _____

⑨ 현관문도 닫다.

⇨ _____

⑩ 방문을 열다.

⇨ _____

 TIP '움직임말(동사)'을 '～실 거예요.' 형태로 바꾸는 것을 익히는 것으로 움직임말의 변화를 익혀둬야 합니다. 참고 먹다→드시다, 먹다→드실 거예요?

다음을 보기 와 같이 쓰세요.

> 보기
>
> 신용 카드를 만들다.
> ⇨ 신용 카드도 만들다.

① 글을 쓰다.
  ⇨ _____

② 책을 읽다.
  ⇨ _____

③ 친구를 부르다.
  ⇨ _____

④ 고개를 숙이다.
  ⇨ _____

⑤ 산길을 걷다.
  ⇨ _____

⑥ 시장을 가다.
  ⇨ _____

⑦ 학생을 가르치다.
  ⇨ _____

⑧ 할머니를 돕다.
  ⇨ _____

⑨ 연필을 깎다.
  ⇨ _____

⑩ 파인애플을 먹다.
  ⇨ _____

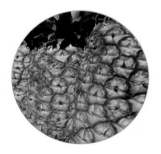

> **TIP** '~을'을 '~도'로 바꾸는 연습을 하는 것으로 '~도'는 이전에 있던 일 이외에 더 있음을 말합니다.

다음을 보기 와 같이 고쳐 쓰세요.

> 보기
>
> 하나를 만들다.
> ⇨ 하나만 만들어 주세요.

① 지우개를 사다.
⇨ _____

② 밥을 먹다.
⇨ _____

③ 영화를 보다.
⇨ _____

④ 일기를 쓰다.
⇨ _____

⑤ 위인전을 읽다.
⇨ _____

⑥ 동물을 기르다.
⇨ _____

⑦ 나무를 심다.
⇨ _____

⑧ 꽃을 꺾다.
⇨ _____

⑨ 물건을 팔다.
⇨ _____

⑩ 리어카를 끌다.
⇨ _____

TIP '~을 ~다' 형태를 '~만 ~ 주세요.'로 고치는 연습으로 꼭 그것만 해 달라는 부탁의 뜻이 됩니다.

다음 전자제품 대리점에서 하는 대화를 읽고, 암기하세요.

직원

엘라

직원	뭘 찾으세요?
엘라	컴퓨터를 좀 사고 싶어요.
직원	이쪽으로 오세요.
엘라	어떤 제품이 제일 잘 팔리나요?
직원	이 제품이 가장 잘 팔려요.
엘라	어떤 장점이 있나요?
직원	네, 기능 뛰어나기 때문에 손님들이 좋아해요.
엘라	이 컴퓨터를 주세요.

자주 배울 낱말

○ 컴퓨터   ○ 이쪽으로[이쪼그로]   ○ 제품이[제푸미]

○ 장점이[장쩌미]   ○ 기능   ○ 때문에   ○ 손님들이[손님드리]

TIP '전자제품'은 상품이나 제품이 전자를 발생하여 효과를 보는 기기를 말합니다.

다음 전자제품 대리점에서 일어나는 대화를 읽고, 문장을 따라 쓰세요.

뭘 찾으세요?

컴퓨터를 좀 사고 싶어요.

이쪽으로 오세요.

어떤 제품이 제일 잘 팔리나요?

이 제품이 가장 잘 팔려요.

어떤 장점이 있나요?

네, 기능이 뛰어나기 때문에 손님들이
좋아해요.

이 컴퓨터를 주세요.

다음 보기 와 같이 대답을 쓰세요.

> 보기
>
> 뭘 찾으세요? [컴퓨터]
> ⇨ 컴퓨터를 좀 사고 싶어요.

① 뭘 찾으세요? [핸드폰]

⇨ _____

② 뭘 찾으세요? [냉장고]

⇨ _____

③ 뭘 찾으세요? [정수기]

⇨ _____

④ 뭘 찾으세요? [전자레인지]

⇨ _____

⑤ 뭘 찾으세요? [청소기]

⇨ _____

⑥ 뭘 찾으세요? [에어컨]

⇨ _____

⑦ 뭘 찾으세요? [다리미]

⇨ _____

⑧ 뭘 찾으세요? [선풍기]

⇨ _____

⑨ 뭘 찾으세요? [텔레비전]

⇨ _____

⑩ 뭘 찾으세요? [세탁기]

⇨ _____

다음을 보기 와 같이 알맞은 곳에 '제일'을 넣어 문장을 다시 쓰세요.

보기
어떤 제품이 잘 팔리나요?
⇨ 어떤 제품이 제일 잘 팔리나요?

① 감기에 걸리면 쉬는 게 중요해요.
⇨ _____

② 에일리는 친구 중에 작다.
⇨ _____

③ 이 과일이 과일 중에 맛이 없는 과일이다.
⇨ _____

④ 오후 두 시에서 세 시 사이가 배고프다.
⇨ _____

⑤ 이 이야기는 세상에서 무서운 이야기이다.
⇨ _____

⑥ 나는 과일 중에 사과를 좋아한다.
⇨ _____

⑦ 나는 요리를 잘 합니다.
⇨ _____

⑧ 우리 반에서 에이바가 착하다.
⇨ _____

⑨ 나는 동화가 재미있다.
⇨ _____

 '제일'은 '여럿 가운데서 첫째 가는 것'을 나타내는 부사이며 부사 또는 움직임말(동사)이나 모양말(형용사) 앞에 와서 꾸미는 역할을 하며 위치는 어느 곳에 와도 좋으나 가장 적절하게 꾸미는 역할을 하는 곳에 두는 것이 좋습니다.

다음을 보기 와 같이 알맞은 곳에 '가장'을 넣어 문장을 다시 쓰세요.

> 보기
>
> 이 제품이 잘 팔려요.
> ⇨ 이 제품이 가장 잘 팔려요.

① 보람이가 달리기를 잘 해요.

　　⇨ _____

② 남의 것을 욕심내는 것이 더럽다.

　　⇨ _____

③ 서점에서 사랑에 관한 책이 잘 팔린다.

　　⇨ _____

④ 우리 중에 카밀라가 큰 친구이다.

　　⇨ _____

⑤ 그 과학자는 훌륭한 관찰자이다.

　　⇨ _____

⑥ 동짓날이 밤이 길다.

　　⇨ _____

⑦ 어느 건물이 높은가요?

　　⇨ _____

⑧ 부모가 보고 싶을 때가 언제니?

　　⇨ _____

⑨ 동물 중에 토끼의 귀가 크구나.

　　⇨ _____

⑩ 우리나라에서 아름다운 섬은 제주도이다.

　　⇨ _____

> **TIP** '가장'은 '제일'과 같은 뜻으로 '여럿 가운데 최고'의 뜻을 나타내는 부사이며 부사 또는 움직임말(동사)이나 모양말(형용사) 앞에 와서 꾸밉니다.

다음을 보기 와 같이 고쳐 쓰세요.

보기
기능이 뛰어나다, 손님들이 좋아해요.
⇨ 기능이 뛰어나기 때문에 손님들이 좋아해요.

① 파도가 치다, 멀미가 났어요.
⇨ _____

② 비가 오다, 놀러 가긴 다 틀렸구나.
⇨ _____

③ 일이 많다, 시간을 낼 수가 없다.
⇨ _____

④ 통증이 생기다, 괴로워하다.
⇨ _____

⑤ 태풍이 불다, 배가 뜨지 못했다.
⇨ _____

⑥ 비가 오다, 놀러가기는 다 틀렸네.
⇨ _____

⑦ 눈물이 나다, 말을 잇지 못했다.
⇨ _____

⑧ 소리가 크다, 집중할 수가 없다.
⇨ _____

⑨ 손맛이 좋다, 매 주 낚시하러 간다.
⇨ _____

⑩ 장마가 오다, 채소 가격이 높이 뛰었다.
⇨ _____

TIP '~ 때문에'는 어떤 일의 원인이나 까닭을 말하며 뒷문장은 그 원인이나 까닭의 결과가 나옵니다.

08 다양한 이웃 – 전통 시장에서

다음 전통 시장에서 하는 대화를 읽고, 암기하세요.

에번 카터

에번	부채를 하나 사고 싶어요. 저하고 전통 시장에 갈 수 있어요?
카터	그러지요. 어떻게 갈까요?
에번	여기서 머니까 버스를 탑시다.

카터	와, 전통 물건이 정말 많아요.
에번	빨리 부채를 구하고 싶어요.
카터	천천히 걸으면서 시장 구경도 하지요.

자주 배울 낱말
- 부채 - 하나 - 저 - 전통 시장 - 버스 - 물건
- 천천히 - 걸으면서[거르면서] - 시장 - 구경

TIP '전통 시장'은 지난 시대에 이미 이루어져 계통을 이루며 전해 내려오는 시장을 말합니다.

다음 전통 시장에서 일어나는 대화를 읽고, 문장을 따라 쓰세요.

부채를 하나 사고 싶어요.
저하고 전통 시장에 갈 수 있어요?
그러지요. 어떻게 갈까요?
여기서 머니까 버스를 탑시다.
와, 전통 물건이 정말 많아요.
빨리 부채를 구하고 싶어요.
천천히 걸으면서 시장 구경도 하지요.

08 다양한 이웃 – 전통 시장에서

다음 보기 와 같이 대답을 쓰세요.

보기
무엇을 사고 싶으세요? [부채]
⇨ 부채를 사고 싶어요.

① 무엇을 사고 싶으세요? [장구]

⇨ _____

② 무엇을 사고 싶으세요? [제기]

⇨ _____

③ 무엇을 사고 싶으세요? [한복]

⇨ _____

④ 무엇을 사고 싶으세요? [팽이]

⇨ _____

⑤ 무엇을 사고 싶으세요? [연]

⇨ _____

⑥ 무엇을 사고 싶으세요? [윷]

⇨ _____

⑦ 무엇을 사고 싶으세요? [붓]

⇨ _____

⑧ 무엇을 사고 싶으세요? [한지]

⇨ _____

⑨ 무엇을 사고 싶으세요? [엽전]

⇨ _____

⑩ 무엇을 사고 싶으세요? [호루라기]

⇨ _____

다음을 보기 와 같이 고쳐 쓰세요.

보기

무엇을 사고 싶으세요?
⇨ 무엇을 사고 싶어요?　　⇨ 무엇을 사고 싶으십니까?
⇨ 무엇을 살래요?

① 무엇을 먹고 싶으세요?

⇨ _____　　⇨ _____

⇨ _____

② 무엇을 주고 싶으세요?

⇨ _____　　⇨ _____

⇨ _____

③ 무엇을 갖고 싶으세요?

⇨ _____　　⇨ _____

⇨ _____

④ 무엇을 보고 싶으세요?

⇨ _____　　⇨ _____

⇨ _____

⑤ 무엇을 만들고 싶으세요?

⇨ _____　　⇨ _____

⇨ _____

 TIP　'~ 싶으세요?, 싶어요?, 싶으십니까?, ~래요?'는 모두 같은 뜻으로 사용합니다.

다음을 와 같이 고쳐 쓰세요.

> 보기
>
> 여기서 멀다. 버스를 탑시다
> ⇨ 여기서 머니까 버스를 탑시다.

① 배고프다, 돼지가 웁니다.

⇨ _____

② 여기서 가깝다, 걸어서 갑시다.

⇨ _____

③ 늦게 일어났구나. 늘 지각이지.

⇨ _____

④ 내가 몸이 안 좋아서 나갈 수가 없어. 다음에 만나자.

⇨ _____

⑤ 네가 자꾸 운다. 애들이 놀리는 거야.

⇨ _____

⑥ 네가 자꾸 겁을 주었다. 내가 더 떨렸다.

⇨ _____

⑦ 자꾸 고집 부렸다. 아빠가 화를 내시는 거야.

⇨ _____

⑧ 비밀을 꼭 지킬게. 얘기해 줘.

⇨ _____

⑨ 소문이 난다. 조심히 행동해라.

⇨ _____

⑩ 기분이 좋지 않다. 퇴근 후에 술이나 한 잔 하자.

⇨ _____

 '~니까'는 '그러니까'와 같은 뜻으로 앞의 내용이 뒤의 내용의 이유나 근거 따위가 될 때 쓰는 접속 부사입니다.

다음 보기 와 같이 대답을 쓰세요.

> 보기
>
> 전통 시장에 갈 수 있어요?
> ⇨ 네, 갈 수 있어요.

① 제과점에서 살 수 있어요?

⇨ _____

② 도서관에서 볼 수 있어요?

⇨ _____

③ 그림을 그릴 수 있어요?

⇨ _____

④ 라면을 끓일 수 있어요?

⇨ _____

⑤ 축구장에서 공을 찰 수 있어요?

⇨ _____

⑥ 호텔에서 잘 수 있어요?

⇨ _____

⑦ 자동차를 탈 수 있어요?

⇨ _____

⑧ 산에 오를 수 있어요?

⇨ _____

⑨ 과일을 먹을 수 있어요?

⇨ _____

⑩ 산책을 할 수 있어요?

⇨ _____

 TIP '~ㄹ 수 있어요.'는 가능성이 있는가를 물어보는 말입니다.

다음 약국에서 하는 대화를 읽고, 암기하세요.

약사   할머니

약사	어디가 아파서 오셨어요?
할머니	감기에 걸렸나 봐요.
약사	증상이 어떠세요?
할머니	기침도 나고 열이 나요.
약사	독감이군요.
할머니	빨리 나을 수 있나요?
약사	약을 먹고 쉬면 나을 거예요.
	약을 드릴 테니 정확한 시각에 드세요.

자주 배울 낱말

○ 어디가   ○ 감기   ○ 증상   ○ 기침   ○ 열이[여리]   ○ 독감[도깜]

○ 빨리   ○ 약   ○ 정확한[정화칸]   ○ 시각

TIP '약국'은 약사가 약을 조제하거나 파는 곳입니다.

다음 약국에서 일어나는 대화를 읽고, 문장을 따라 쓰세요.

어디가 아파서 오셨어요?
감기에 걸렸나 봐요.
증상이 어떠세요?
기침도 나고 열이 나요.
독감이군요.
빨리 나을 수 있나요?
약을 먹고 쉬면 나을 거예요.
약을 드릴 테니 정확한 시각에
드세요.

09 다양한 이웃 – 약국에서

다음 보기 와 같이 대답을 쓰세요.

> 보기
> 어디가 아파서 오셨어요? [감기에 걸리다]
> ⇨ 감기에 걸렸나 봐요.

① 어디가 아파서 오셨어요? [눈병이 생기다]

⇨ _____

② 어디가 아파서 오셨어요? [설사를 하다]

⇨ _____

③ 어디가 아파서 오셨어요? [소화가 안 되다]

⇨ _____

④ 어디가 아파서 오셨어요? [다리를 다치다]

⇨ _____

⑤ 어디가 아파서 오셨어요? [열이 나다]

⇨ _____

⑥ 어디가 아파서 오셨어요? [머리가 아프다]

⇨ _____

⑦ 어디가 아파서 오셨어요? [염증이 생기다]

⇨ _____

⑧ 어디가 아파서 오셨어요? [목이 아프다]

⇨ _____

⑨ 어디가 아파서 오셨어요? [배탈이 났다]

⇨ _____

⑩ 어디가 아파서 오셨어요? [빈혈이 생기다]

⇨ _____

다음을 보기 와 같이 고쳐 쓰세요.

> 보기
> 감기에 걸렸나 봐요.
> ⇨ 감기에 걸렸어요.

① 눈병이 생겼나 봐요.

⇨ _____

② 설사를 하나 봐요.

⇨ _____

③ 소화가 안 됐나 봐요.

⇨ _____

④ 다리를 다쳤나 봐요.

⇨ _____

⑤ 열이 났나 봐요.

⇨ _____

⑥ 머리가 아팠나 봐요.

⇨ _____

⑦ 염증이 생겼나 봐요.

⇨ _____

⑧ 목이 아팠나 봐요.

⇨ _____

⑨ 배탈이 났나 봐요.

⇨ _____

⑩ 빈혈이 생겼나 봐요.

⇨ _____

다음을 보기와 같이 고쳐 쓰세요.

> **보기**
> 약을 먹다, 쉬면 낫다.
> ⇨ 약을 먹고 쉬면 나을 거예요.

① 밥을 먹다. 죽을 먹다.
　⇨ _____

② 그림을 그리다. 책을 읽다.
　⇨ _____

③ 물건을 사다. 계산을 했다.
　⇨ _____

④ 노래를 부르다. 악보를 봤다.
　⇨ _____

⑤ 책을 읽다. 텔레비전을 봤다.
　⇨ _____

⑥ 운전을 하다. 방송을 들었다.
　⇨ _____

⑦ 운동을 하다. 구경을 했다.
　⇨ _____

⑧ 전화를 걸다. 메모를 했다.
　⇨ _____

⑨ 책을 찾다. 연필도 찾다.
　⇨ _____

⑩ 강아지를 키우다. 새도 키웠다.
　⇨ _____

 TIP '~고'는 '~고 나서'의 뜻으로 앞의 행동이 뒤에 오는 동작보다 시간상 앞섬을 나타내거나 '~은 채로'의 뜻으로 앞의 행동이나 결과가 뒤에 오는 행동에 그대로 지속됨을 나타냅니다.

다음을 보기 와 같이 고쳐 쓰세요.

> 보기
>
> 약을 드리다, 정확한 시각에 들다.
> ⇨ 약을 드릴 테니 정확한 시각에 드세요.

① 피곤하다, 어서 자다.

⇨ _____

② 문제를 읽다, 잘 적다.

⇨ _____

③ 배고프다, 빵을 많이 주다.

⇨ _____

④ 끝까지 너를 밀어 주다, 걱정하지 마라.

⇨ _____

⑤ 더 늦으면 어두워지다, 어서 가다.

⇨ _____

⑥ 전화번호를 불러 주다, 꼭 전화하다.

⇨ _____

⑦ 내가 여행비를 내다, 함께 가다.

⇨ _____

⑧ 일이 쉽게 해결되다, 너무 걱정하지 마라.

⇨ _____

⑨ 아드님은 무사하다, 너무 걱정하지 마라.

⇨ _____

⑩ 혼내 주다, 참아.

⇨ _____

TIP '~ㄹ 테니'는 '터이니(터 + 이니)'가 줄어서 된 말로 '예정'이나 '추측', '의지'의 뜻을 나타내는 말입니다. 참고 자다→주무시다(존대말)

가정에서

01 가정에서 – 내 방에서

다음 내 방에서 일어나는 대화를 읽고, 암기하세요.

제시카	토미 씨 방은 몇 층에 있어요?
토미	제 방은 2층에 있어요.
제시카	방에는 어떤 가구가 있어요?
토미	제 방에는 책상과 침대가 있어요.
제시카	또 무엇무엇이 있어요?
토미	냉장고와 텔레비전도 있어요.
제시카	냉장고 옆에는 무엇이 있어요?
토미	냉장고 옆에는 휴지통이 있어요.

자주 배울 낱말

○ 방 ○ 층 ○ 있어요[이써요] ○ 가구 ○ 책상 ○ 침대
○ 무엇 ○ 냉장고 ○ 텔레비전 ○ 옆 ○ 휴지통

TIP '방'은 사람이 살거나 일을 하기 위하여 벽 따위로 막아 만든 공간을 말합니다.

다음 내 방에서 일어나는 대화를 읽고, 문장을 따라 쓰세요.

토미 씨 방은 몇 층에 있어요?
제 방은 2층에 있어요.
방에는 어떤 가구가 있어요?
제 방에는 책상과 침대가 있어요.
또 무엇무엇이 있어요?
냉장고와 텔레비전도 있어요.
냉장고 옆에는 무엇이 있어요?
냉장고 옆에는 휴지통이 있어요.

가정에서 – 내 방에서

다음 알맞은 말에 ○표 하고, 보기 와 같이 다시 쓰세요.

보기
가방에 책(와, ㉠과) 공책이 있어요.
⇨ 가방에 책과 공책이 있어요.

① 지갑에 지폐(와, 과) 동전이 있어요.
⇨ _____

② 필통에 연필(와, 과) 지우개가 있어요.
⇨ _____

③ 방에 침대(와, 과) 책상이 있어요.
⇨ _____

④ 꽃병에 장미꽃(와, 과) 국화꽃이 있어요.
⇨ _____

⑤ 연필꽂이에 볼펜(와, 과) 만년필이 있어요.
⇨ _____

⑥ 신발장에 운동화(와, 과) 구두가 있어요.
⇨ _____

⑦ 침대 위에 베개(와, 과) 이불이 있어요.
⇨ _____

⑧ 방에 냉장고(와, 과) 텔레비전이 있어요.
⇨ _____

⑨ 책상 위에 필통(와, 과) 공책이 있어요.
⇨ _____

⑩ 옷걸이에 셔츠(와, 과) 바지가 있어요.
⇨ _____

TIP '~과' 앞에는 받침이 있는 글자가 오고, '~와' 앞에는 받침이 없는 글자가 옵니다.

다음을 보기 와 같이 고쳐 쓰세요.

보기 　구두가 있다. ⇨ 구두가 있습니다. ⇨ 구두가 있어요.

① 공책이 있다.
　⇨ _____ 　⇨ _____
② 지우개가 있다.
　⇨ _____ 　⇨ _____
③ 책상이 있다.
　⇨ _____ 　⇨ _____
④ 볼펜이 있다.
　⇨ _____ 　⇨ _____
⑤ 운동화가 있다.
　⇨ _____ 　⇨ _____
⑥ 베개가 있다.
　⇨ _____ 　⇨ _____
⑦ 과자가 있다.
　⇨ _____ 　⇨ _____
⑧ 국화가 있다.
　⇨ _____ 　⇨ _____
⑨ 바지가 있다.
　⇨ _____ 　⇨ _____
⑩ 딸기가 있다.
　⇨ _____ 　⇨ _____

TIP '~있다.', '있습니다.', '있어요.'는 모두 같은 뜻입니다.

다음 와 같이 대답을 쓰세요.

> **보기**
>
> 가방 안에 무엇무엇이 있어요? [책, 공책]
> ⇨ 가방 안에 책과 공책이 있어요.

① 가방 안에 무엇무엇이 있어요? [필통, 색종이]
⇨ _____

② 지갑 안에 무엇무엇이 있어요? [지폐, 동전]
⇨ _____

③ 필통 안에 무엇무엇이 있어요? [지우개, 연필]
⇨ _____

④ 방 안에 무엇무엇이 있어요? [책상, 침대]
⇨ _____

⑤ 꽃병에 무엇무엇이 있어요? [장미, 튤립]
⇨ _____

⑥ 연필꽂이에 무엇무엇이 있어요? [연필, 볼펜]
⇨ _____

⑦ 신발장 안에 무엇무엇이 있어요? [구두, 샌들]
⇨ _____

⑧ 침대 위에 무엇무엇이 있어요? [이불, 베개]
⇨ _____

⑨ 냉장고 안에 무엇무엇이 있어요? [김치, 깍두기]
⇨ _____

⑩ 책상 위에 무엇무엇이 있어요? [교과서, 공책]
⇨ _____

 TIP '~과' 앞에는 받침이 있는 글자가 오고, '~와' 앞에는 받침이 없는 글자가 옵니다.

다음 보기 와 같이 대답을 쓰세요.

> 보기
>
> 냉장고 옆에는 무엇이 있어요? [휴지통]
> ⇨ 냉장고 옆에는 휴지통이 있어요.

① 냉장고 옆에는 무엇이 있어요? [청소기]
⇨ _____

② 텔레비전 옆에는 무엇이 있어요? [꽃병]
⇨ _____

③ 지우개 옆에는 무엇이 있어요? [책]
⇨ _____

④ 가방 옆에는 무엇이 있어요? [교과서]
⇨ _____

⑤ 학교 옆에는 무엇이 있어요? [우체국]
⇨ _____

⑥ 우체국 옆에는 무엇이 있어요? [문구점]
⇨ _____

⑦ 문구점 옆에는 무엇이 있어요? [제과점]
⇨ _____

⑧ 제과점 옆에는 무엇이 있어요? [도서관]
⇨ _____

⑨ 식당 옆에는 무엇이 있어요? [경찰서]
⇨ _____

⑩ 경찰서 옆에는 무엇이 있어요? [병원]
⇨ _____

TIP 물음에 대한 대답을 바르게 하는 방법을 배웁니다. 물건이나 장소 뒤에 '~이'나 '~가'가 이어질 때 '~이' 앞에는 받침이 있는 말이 '~가' 앞에는 받침이 없는 말이 옵니다.

다음 책상 주위에 대한 글을 읽고, 암기하세요.

책상 위에 책과 공책이 있어요.

책상 아래에 의자가 있어요.

책상 왼쪽에 가방이 있어요.

책상 오른쪽에 휴지통이 있어요.

책상 뒤에는 벽이 있어요.

책상 옆에는 가방과 휴지통이 있어요.

| 자주 배울 낱말 | ○ 책상 ○ 위 ○ 책 ○ 공책 ○ 아래 ○ 의자 ○ 왼쪽 ○ 가방 ○ 오른쪽 ○ 휴지통 ○ 벽 ○ 옆 |

TIP '위치'를 나타내는 말에는 '위, 아래, 왼쪽, 오른쪽, 뒤, 옆' 등이 있습니다.

다음 책상 주위에 대한 글을 읽고, 문장을 따라 쓰세요.

책상 위에 책과 공책이 있어요.
책상 아래에 의자가 있어요.
책상 왼쪽에 가방이 있어요.
책상 오른쪽에 휴지통이 있어요.
책상 뒤에는 벽이 있어요.
책상 옆에는 가방과 휴지통이
있어요.

다음 보기 와 같이 대답을 쓰세요.

보기
책상 위에 무엇이 있어요? [공책]
⇨ 책상 위에 공책이 있어요.

① 책상 밑에 무엇이 있어요? [의자]
⇨ _____

② 책상 왼쪽에 무엇이 있어요? [가방]
⇨ _____

③ 책상 오른쪽에 무엇이 있어요? [휴지통]
⇨ _____

④ 책상 뒤에는 무엇이 있어요? [벽]
⇨ _____

⑤ 책상 옆에는 무엇이 있어요? [휴지통]
⇨ _____

⑥ 책상 위에 무엇이 있어요? [가방]
⇨ _____

⑦ 책상 밑에 무엇이 있어요? [인형]
⇨ _____

⑧ 책상 왼쪽에 무엇이 있어요? [장난감]
⇨ _____

⑨ 책상 오른쪽에 무엇이 있어요? [장갑]
⇨ _____

⑩ 책상 뒤에 무엇이 있어요? [라디오]
⇨ _____

다음을 보기 와 같이 고쳐 쓰세요.

> **보기**
> 책상 위에 공책이 있어요.
> ⇨ 책상 위에 공책이 있다.

① 냉장고 옆에 휴지통이 있어요.

⇨ _____

② 자전거 뒤에 축구공이 있어요.

⇨ _____

③ 토끼 뒤에 거북이가 있어요.

⇨ _____

④ 침대 위에 베개가 있어요.

⇨ _____

⑤ 곰 오른쪽에 여우가 있어요.

⇨ _____

⑥ 학교 옆에 도서관이 있어요.

⇨ _____

⑦ 의자 아래에 슬리퍼가 있어요.

⇨ _____

⑧ 토끼 왼쪽에 기린이 있어요.

⇨ _____

⑨ 식당 옆에 문구점이 있어요.

⇨ _____

⑩ 우체국 옆에 경찰서가 있어요.

⇨ _____

 TIP 각 위치에 따른 말을 상황에 맞게 쓸 줄 알아두어야 합니다.

02 가정에서 – 책상 주위에서

다음을 보기 와 같이 바르게 이어 쓰세요.

> **보기**
> 있어요, 안에, 가방, 교과서가
> ⇨ 가방 안에 교과서가 있어요.

① 위에, 공책이, 책상, 있어요
⇨ _____

② 옆에, 휴지통이, 냉장고, 있어요
⇨ _____

③ 있어요, 뒤에, 축구공이, 자전거
⇨ _____

④ 뒤에, 거북이, 토끼, 있어요
⇨ _____

⑤ 베개가, 위에, 침대, 있어요
⇨ _____

⑥ 있어요, 오른쪽에, 여우가, 곰
⇨ _____

⑦ 옆에, 도서관이, 학교, 있어요
⇨ _____

⑧ 있어요, 슬리퍼가, 의자, 아래에
⇨ _____

⑨ 기린이, 왼쪽에, 코뿔소, 있어요
⇨ _____

⑩ 문구점이, 옆에, 식당, 있어요
⇨ _____

TIP 알맞은 문장이 될 수 있게 말을 이을 줄 알아야 대화가 알맞게 됩니다.

다음을 보기 와 같이 고쳐 쓰세요.

> 보기
>
> 책상 왼쪽, 가방
> ⇨ 책상 왼쪽에 가방이 있어요.

① 가방 안, 공책
   ⇨ _____

② 냉장고 옆, 휴지통
   ⇨ _____

③ 자전거 뒤, 축구공
   ⇨ _____

④ 토끼 뒤, 거북
   ⇨ _____

⑤ 침대 위, 베개
   ⇨ _____

⑥ 필통 안, 연필
   ⇨ _____

⑦ 학교 옆, 도서관
   ⇨ _____

⑧ 의자 아래, 슬리퍼
   ⇨ _____

⑨ 코뿔소 왼쪽, 기린
   ⇨ _____

⑩ 식당 옆, 문구점
   ⇨ _____

TIP 각 위치에 따른 말을 상황에 맞게 쓸 줄 알아야 합니다.

다음 **주방**에서 일어나는 대화를 읽고, 암기하세요.

해일리	무얼 하니?
에이바	설거지해.
해일리	냄비를 닦는구나?
에이바	여러 번 닦았는데 생선 냄새가 나서.
해일리	냄비에 세제를 넣어서 닦으면 냄새가 안 나.
에이바	그렇게 해 볼까?
해일리	너무 세게 닦지는 마. 냄비에 흠집이 나.
에이바	이런 것을 어떻게 아니?
해일리	엄마한테 배웠지.

자주 배울 낱말

○ 무얼 ○ 설거지 ○ 냄비 ○ 생선 ○ 냄새 ○ 세제

○ 그렇게 ○ 너무 ○ 흠집 ○ 엄마 ○ 배웠지[배워찌]

TIP '주방'은 음식을 만들거나 차리는 방을 말하고, '무엇'은 '무엇을'의 줄임말입니다.

다음 주방에서 일어나는 대화를 읽고, 문장을 따라 쓰세요.

무얼 하니?
설거지해.
냄비를 닦는구나?
여러 번 닦았는데 생선 냄새가 나서.
냄비에 세제를 넣어서 닦으면 냄새가
안 나.
그렇게 해 볼까?
너무 세게 닦지는 마. 냄비에 흠집이 나.
이런 것을 어떻게 아니?
엄마한테 배웠지.

다음을 보기 와 같이 고쳐 쓰세요.

보기
여러 번 닦았어. 생선 냄새가 나서.
⇨ 여러 번 닦았는데 생선 냄새가 나서.

① 밥 먹었어. 반찬이 남아서.
⇨ _____

② 청소를 했어. 먼지가 있어서.
⇨ _____

③ 일을 마쳤어. 시간이 남아서.
⇨ _____

④ 물건을 샀어. 물건이 더 필요해서.
⇨ _____

⑤ 사과를 먹었어. 껍질이 남아서.
⇨ _____

⑥ 그림을 그렸어. 물감이 남아서.
⇨ _____

⑦ 바람이 불었어. 새가 날아서.
⇨ _____

⑧ 친구가 있어. 말이 없어서.
⇨ _____

⑨ 산이 낮았어. 찾는 사람이 없어서.
⇨ _____

⑩ 세게 닦지 않았어. 흠집이 나서.
⇨ _____

다음을 보기 와 같이 고쳐 쓰세요.

보기
세제를 넣어서 닦다. 그러면 냄새가 안 나.
⇨ 세제를 넣어서 닦으면 냄새가 안 나.

① 즐겁게 일하다. 그러면 일이 쉬워 보입니다.
⇨ _____

② 조금만 참다. 그러면 낫게 된다고 했어.
⇨ _____

③ 꽃을 가꾸다. 그러면 네 마음도 착해질 거야.
⇨ _____

④ 밝은 색깔의 옷을 입다. 그러면 마음도 밝아질 거야.
⇨ _____

⑤ 두드리다. 그러면 열릴 것이다.
⇨ _____

⑥ 이 길을 따라 가다. 그러면 목적지가 나올 거야.
⇨ _____

⑦ 사실을 말하다. 그러면 풀어 주마.
⇨ _____

⑧ 숙제를 먼저 하다. 그러면 나가서 놀아도 좋다.
⇨ _____

⑨ 아버지께 말씀 드리다. 그러면 뭔가 해결책이 나올 거야.
⇨ _____

⑩ 엄마가 말한 것을 다 지키다. 그러면 내가 사 주마.
⇨ _____

TIP '~면'은 '그러면'의 접속사와 같은 역할을 하며 앞의 내용이 뒤의 내용의 조건이 되며, '~면'으로 고칠 때 움직임말의 변화를 기억해 두어야 합니다.

다음을 보기 와 같이 고쳐 쓰세요.

보기

너무 세게 닦았습니다.
⇨ 너무 세게 닦지 마.

① 피자를 너무 많이 먹었습니다.
　⇨ _____

② 공을 너무 세게 찼습니다.
　⇨ _____

③ 친구에게 너무 잘난 척을 했습니다.
　⇨ _____

④ 동생에게 너무 아는 척을 했습니다.
　⇨ _____

⑤ 동생의 장난감을 부셨습니다.
　⇨ _____

⑥ 교실의 유리창을 깨뜨렸습니다.
　⇨ _____

⑦ 거실에서 동생과 장난을 쳤습니다.
　⇨ _____

⑧ 길에 쓰레기를 버렸습니다.
　⇨ _____

⑨ 상에 물을 엎질렀습니다.
　⇨ _____

⑩ 너무 게임을 많이 했습니다.
　⇨ _____

TIP '~ 마'는 앞말이 뜻하는 행동을 하지 못하게 함을 나타내는 말로 '말다'의 활용형입니다.

다음을 보기 와 같이 고쳐 쓰세요.

보기

> 엄마한테 배웠습니다.
> ⇨ 엄마한테 배웠지.

① 선생님한테 칭찬을 들었습니다.

⇨ _____

② 당신한테 주는 선물입니다.

⇨ _____

③ 언니한테 보낼 물건입니다.

⇨ _____

④ 나한테 인형이 있습니다.

⇨ _____

⑤ 당신한테 만년필이 있습니다.

⇨ _____

⑥ 철수한테 지우개를 얻었습니다.

⇨ _____

⑦ 친구한테 소식을 들었습니다.

⇨ _____

⑧ 돼지한테 먹이를 먹였습니다.

⇨ _____

⑨ 동생한테 돈을 주었습니다.

⇨ _____

⑩ 엄마한테 요리를 배웠습니다.

⇨ _____

TIP '~지.'는 막연한 의문이 있는 채로 그것을 뒤 절의 사실이나 판단과 관련시키는 데 쓰는 말입니다.

가정에서 – 떡볶이 만들기

다음 떡볶이 만들기에 대한 대화를 읽고, 암기하세요.

에벌린	떡볶이 만들 줄 아니?
오드리	아니, 떡볶이 만들 줄 몰라.
	가르쳐 줄 수 있어?
에벌린	그래, 먼저 프라이팬에 물과 고추장을 넣어.
	그리고 엿을 좀 넣고, 저으면 돼.
오드리	그리고 또 뭘 해?
에벌린	가장 중요한 것은 자른 떡을 넣어야지.
오드리	그리고 끓이면 되겠네.

자주 배울 낱말

○ 떡볶이[떡보끼]   ○ 먼저   ○ 프라이팬   ○ 고추장

○ 엿   ○ 떡   ○ 끓이면[끄리면]

TIP '떡볶이'는 가래떡을 토막 내서 고추장과 양념을 섞어 볶은 음식을 말합니다.

다음 떡볶이 만들기에 대한 대화를 읽고, 문장을 따라 쓰세요.

떡볶이 만들 줄 아니?
아니, 떡볶이 만들 줄 몰라.
가르쳐 줄 수 있어?
그래, 먼저 프라이팬에 물과 고추장을
넣어. 그리고 엿을 좀 넣고, 저으면 돼.
그리고 또 뭘 해?
가장 중요한 것은 자른 떡을 넣어야지.
그리고 끓이면 되겠네.

다음을 보기 와 같이 고쳐 쓰세요.

> 보기
> 떡볶이 만들 줄 압니까?
> ⇨ 떡볶이 만들 줄 아니?

① 고구마를 먹을 줄 압니까?
⇨ _____

② 책을 읽을 줄 압니까?
⇨ _____

③ 나무를 심을 줄 압니까?
⇨ _____

④ 셈을 할 줄 압니까?
⇨ _____

⑤ 오이를 자를 줄 압니까?
⇨ _____

⑥ 계산을 할 줄 압니까?
⇨ _____

⑦ 피아노를 칠 줄 압니까?
⇨ _____

⑧ 노래를 부를 줄 압니까?
⇨ _____

⑨ 바위를 오를 줄 압니까?
⇨ _____

⑩ 말을 탈 줄 압니까?
⇨ _____

TIP '압니까?'는 윗사람이나 높여 줄 때 사용하는 말이고, '아니?'는 친구나 아랫사람에게 하는 말입니다.

다음 보기 와 같이 대답을 쓰세요.

보기
떡볶이 만들 줄 아니?
⇨ 떡볶이 만들 줄 몰라.

① 고구마를 먹을 줄 아니?
⇨ _____

② 책을 읽을 줄 아니?
⇨ _____

③ 나무를 심을 줄 아니?
⇨ _____

④ 셈을 할 줄 아니?
⇨ _____

⑤ 오이를 자를 줄 아니?
⇨ _____

⑥ 계산을 할 줄 아니?
⇨ _____

⑦ 피아노를 칠 줄 아니?
⇨ _____

⑧ 노래를 부를 줄 아니?
⇨ _____

⑨ 바위를 오를 줄 아니?
⇨ _____

⑩ 말을 탈 줄 아니?
⇨ _____

 TIP   '줄'은 '방법'과 같은 뜻입니다.

04 가정에서 – 떡볶이 만들기

다음을 보기 처럼 알맞은 곳에 '좀'을 넣고 다시 쓰세요.

보기
달콤한 엿을 넣어요.
⇨ 달콤한 엿을 좀 넣어요.

① 일을 했더니 피곤해요.

⇨ _____

② 달걀이 냉장고에 있어요.

⇨ _____

③ 음악을 들었더니 기분이 나아졌어요.

⇨ _____

④ 나는 영어를 할 수 있어요.

⇨ _____

⑤ 오늘은 날씨가 선선해요.

⇨ _____

⑥ 할 얘기가 있어요.

⇨ _____

⑦ 말씀을 여쭈어 볼게요.

⇨ _____

⑧ 과일을 주시겠어요.

⇨ _____

⑨ 열심히 공부하세요.

⇨ _____

⑩ 오늘 생선을 팔았어요.

⇨ _____

TIP '좀'은 '조금'이나 '부탁이나 동의를 구할 때 간곡한 뜻을 더하는 말'입니다.

다음을 보기 와 같이 고쳐 쓰세요.

보기
자르다, 떡을 넣어야지.
⇨ 자른 떡을 넣어야지.

① 깎다. 고구마를 잘라야지.
⇨ _____

② 보다, 책을 책꽂이에 꽂아야지.
⇨ _____

③ 심다, 나무에 물을 주어야지.
⇨ _____

④ 자다, 아이에게 뽀뽀를 해 주어야지.
⇨ _____

⑤ 자르다, 오이를 먹어야지.
⇨ _____

⑥ 세다, 계산을 적어야지.
⇨ _____

⑦ 피다, 꽃을 구경해야지.
⇨ _____

⑧ 운다, 새에게 모이를 주어야지.
⇨ _____

⑨ 가다, 사람에게 물어봐야지.
⇨ _____

⑩ 뛰다, 말에 올라타야지.
⇨ _____

TIP 움직임말(동사)가 뒤의 명사를 꾸밀 때 '～ㄴ' 형태로 움직임말의 변화를 기억해 둡니다.

05 가정에서 – 요리하기

다음 요리하기에 대한 대화를 읽고, 암기하세요.

아멜리아	뭐 하세요?
브리아나	된장찌개를 끓이고 있어요.
아멜리아	정말 맛있겠어요.
브리아나	식기 전에 먹어 봐요.
아멜리아	와, 정말 맛있어요. 된장찌개는 어떻게 만들어요?
브리아나	내가 가르쳐 줄게요.

자주 배울 낱말
- 된장찌개
- 정말
- 전에[저네]
- 맛있어요[마시써요]
- 어떻게[어떠케]
- 내가

TIP '요리'는 입에 맞도록 식품의 맛을 돋우어 조리하는 것이나 그 음식을 말합니다.

다음 요리하기에 대한 대화를 읽고, 문장을 따라 쓰세요.

뭐 하세요?
된장찌개를 끓이고 있어요.
정말 맛있겠어요.
식기 전에 먹어 봐요.
와, 정말 맛있어요.
된장찌개는 어떻게 만들어요?
내가 가르쳐 줄게요.

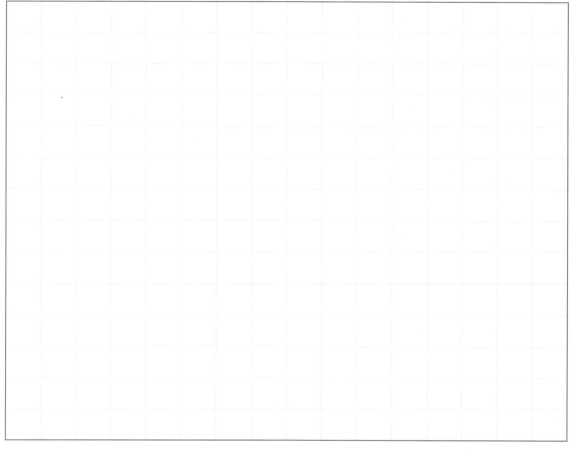

다음 보기 와 같이 대답을 쓰세요.

> 보기
> 뭐 하세요? [나물, 무치다]
> ⇨ 나물을 무쳐요.

① 뭐 하세요? [생선, 굽다]
　⇨ _____

② 뭐 하세요? [파전, 부치다]
　⇨ _____

③ 뭐 하세요? [멸치, 볶다]
　⇨ _____

④ 뭐 하세요? [계란, 삶다]
　⇨ _____

⑤ 뭐 하세요? [라면, 끓이다]
　⇨ _____

⑥ 뭐 하세요? [만두, 찌다]
　⇨ _____

⑦ 뭐 하세요? [새우, 튀기다]
　⇨ _____

⑧ 뭐 하세요? [감자, 찌다]
　⇨ _____

⑨ 뭐 하세요? [고추, 자르다]
　⇨ _____

⑩ 뭐 하세요? [양념, 뿌리다]
　⇨ _____

TIP '을'과 '를'을 넣어 문장을 만들어 보는 문제입니다. 앞말에 받침이 없으면 '를'을 앞말에 받침이 있으면 '을'을 사용합니다. '뭐'는 '무엇'의 준말입니다.

다음 보기와 같이 대답을 쓰세요.

보기

뭐 하세요? [나물, 무치다]
⇨ 나물을 무치고 있어요.

① 뭐 하세요? [생선, 굽다]
⇨ _____

② 뭐 하세요? [파전, 부치다]
⇨ _____

③ 뭐 하세요? [멸치, 볶다]
⇨ _____

④ 뭐 하세요? [계란, 삶다]
⇨ _____

⑤ 뭐 하세요? [라면, 끓이다]
⇨ _____

⑥ 뭐 하세요? [만두, 찌다]
⇨ _____

⑦ 뭐 하세요? [새우, 튀기다]
⇨ _____

⑧ 뭐 하세요? [감자, 찌다]
⇨ _____

⑨ 뭐 하세요? [고추, 자르다]
⇨ _____

⑩ 뭐 하세요? [양념, 뿌리다]
⇨ _____

 '~고 있어요.'는 물음에 대한 행동을 하고 있는 중을 나타냅니다.

05 가정에서 – 요리하기

다음을 보기 와 같이 고치세요.

> 보기
> 식다, 전에 먹다.
> ⇨ 식기 전에 먹어 봐요.

① 자다, 전에 씻다.

⇨ _____

② 쓰다, 전에 읽다.

⇨ _____

③ 가르치다, 전에 배우다.

⇨ _____

④ 쉬다, 전에 뛰다.

⇨ _____

⑤ 가다, 전에 준비하다.

⇨ _____

⑥ 먹다, 전에 씻다.

⇨ _____

⑦ 캐다, 전에 찾다.

⇨ _____

⑧ 심다, 전에 파다.

⇨ _____

⑨ 오다, 전에 전화하다.

⇨ _____

⑩ 잊다, 전에 기억하다.

⇨ _____

> TIP '~기 전에' 뒤에 이어지는 내용은 이전의 내용입니다.

다음을 보기 와 같이 알맞은 곳에 '정말'을 넣고, 다시 쓰세요.

보기
와, 맛있어요.
⇨ 와, 정말 맛있어요.

① 당신을 사랑합니다.

⇨ _____

② 약이 효과가 있을까요?

⇨ _____

③ 약속은 지켜야 합니다.

⇨ _____

④ 오늘 날씨가 좋아요.

⇨ _____

⑤ 조슈아는 키가 큽니다.

⇨ _____

⑥ 물건을 만드는 솜씨가 훌륭해요.

⇨ _____

⑦ 제주도의 경치가 아름답습니다.

⇨ _____

⑧ 신용은 잘 지켜야 해요.

⇨ _____

⑨ 책을 빨리 읽는군요.

⇨ _____

⑩ 오늘 비가 내린다더니 옵니다.

⇨ _____

 TIP '정말'은 부사로 '거짓이 없이 말 그대로'라는 뜻이 있습니다.

 **정답**

제1장　대화의 기초

① 저는 현빈이에요.
② 저는 소라예요
③ 저는 김민국이에요
④ 저는 강예리예요
㉄ 저는 에일리예요.
　저는 학생이에요.
　저는 미국 사람이에요.

[쪽] 25
① ㉄ 네, 저는 학생이에요.
② 아니요, 저는 직장인이에요.
③ 네, 저는 미국 사람이에요.
④ 아니요, 저는 몽골 사람이에요.
⑤ 네, 저는 현빈이에요.
⑥ 아니요, 저는 제시카예요.

[쪽] 30
① 이분은 심슨 씨입니다.
② 저분은 현빈 씨입니다.
③ 그분은 밀러 씨입니다.
④ 이분은 보리슨 씨입니다.
⑤ 저분은 알리 씨입니다.
⑥ 그분은 해리 씨입니다.
⑦ 이분은 주현 씨입니다.
⑧ 그분은 제시카 씨입니다.
⑨ 이분은 샘 씨입니다.
⑩ 저분은 알렉스 씨입니다.

[쪽] 31
① 이 사람은 심슨 씨입니다.
② 저 사람은 현빈 씨입니다.
③ 그 사람은 밀러 씨입니다.
④ 이 사람은 보리슨 씨입니다.
⑤ 저 사람은 알리 씨입니다.
⑥ 그 사람은 해리 씨입니다.
⑦ 이 사람은 주현 씨입니다.
⑧ 저 사람은 제시카 씨입니다.
⑨ 이 사람은 샘 씨입니다.
⑩ 저 사람은 알렉스 씨입니다.

[쪽] 34
① 네, 이분은 보리슨 씨입니다.
② 네, 저분은 햄릿 씨입니다.
③ 네, 그분은 로버트 씨입니다.
④ 네, 이분은 주예 씨입니다.
⑤ 네, 저분은 알리 씨입니다.
⑥ 네, 그분은 해리 씨입니다.
⑦ 네, 이분은 주현 씨입니다.
⑧ 네, 저분은 서현 씨입니다.
⑨ 네, 그분은 샘 씨입니다.

⑩ 네, 이분은 알렉스 씨입니다.

[쪽] 35
① 아니요, 이분은 보리슨 씨입니다.
② 아니요, 저분은 햄릿 씨입니다.
③ 아니요, 그분은 에릭 씨입니다.
④ 아니요, 이분은 주예 씨입니다.
⑤ 아니요, 저분은 제시카 씨입니다.
⑥ 아니요, 그분은 해리 씨입니다.
⑦ 아니요, 이분은 주현 씨입니다.
⑧ 아니요, 그분은 해밍턴 씨입니다.
⑨ 아니요, 이분은 샘 씨입니다.
⑩ 아니요, 저분은 알렉스 씨입니다.

[쪽] 38
① 선생님은 한국어를 가르칩니다.
② 엔써니는 내 친구입니다.
③ 제이콥은 한국어를 배웁니다.
④ 우리는 외국 사람입니다.
⑤ 저는 미국에서 왔습니다.
⑥ 철수는 한국 친구입니다.
⑦ 영철이는 한국 사람입니다.
⑧ 우리나라는 미국입니다.
⑨ 한국 사람은 친절합니다.
⑩ 당신은 중국 사람입니다.

[쪽] 39
① 그림을 배우고 싶습니다.
② 요리를 배우고 싶습니다.
③ 영어를 배우고 싶습니다.
④ 몽골어를 배우고 싶습니다.
⑤ 중국어를 배우고 싶습니다.
⑥ 기술을 배우고 싶습니다.
⑦ 디자인을 배우고 싶습니다.
⑧ 피아노를 배우고 싶습니다.
⑨ 마술을 배우고 싶습니다.
⑩ 운전을 배우고 싶습니다.
⑪ 컴퓨터를 배우고 싶습니다.

[쪽] 40
① 그림을 배우고 싶어요.
② 요리를 배우고 싶어요.
③ 영어를 배우고 싶어요.
④ 몽골어를 배우고 싶어요.
⑤ 중국어를 배우고 싶어요.
⑥ 기술을 배우고 싶어요.
⑦ 디자인을 배우고 싶어요.
⑧ 피아노를 배우고 싶어요.
⑨ 마술을 배우고 싶어요.
⑩ 운전을 배우고 싶어요.

[쪽] 41
① 선생님은 한국어를 가르칩니다.

② 엔써니는 내 친구입니다.
③ 제이콥은 한국어를 배웁니다.
④ 우리는 외국 사람입니다.
⑤ 저는 미국에서 왔습니다.
⑥ 철수는 한국 친구입니다.
⑦ 영철이는 한국 사람입니다.
⑧ 제시카의 나라는 미국입니다.
⑨ 한국 사람은 친절합니다.
⑩ 당신은 중국 사람입니다.

[쪽] 44
① 묻는 문장
② 감탄하는 문장
③ 권유하는 문장
④ 감탄하는 문장
⑤ 풀이하는 문장
⑥ 풀이하는 문장
⑦ 묻는 문장
⑧ 명령하는 문장
⑨ 권유하는 문장
⑩ 명령하는 문장

[쪽] 45
① 학교에 잘 다녀오너라.
② 장미가 참 아름다운 꽃을 피웠구나!
③ 음식을 골고루 먹습니다.
④ 학교에 가서 열심히 공부합시다.
⑤ 봄에는 꽃들이 많이 피는구나!
⑥ 시찬이가 학교에 갑니까?
⑦ 무척 파란 하늘에 하얀 구름이 흘러갑니다.
⑧ 이 그림을 자세히 봅시다.

[쪽] 46
① 제이든은 어디에 갔는가?
　 제이든은 어디에 갔니?
② 치마를 좀 구경했는가?
　 치마를 좀 구경했니?
① 참 빠르게 컸군!
　 참 빠르게 컸어!
② 정말 귀엽게 자랐군!
　 정말 귀엽게 자랐어!

[쪽] 47
① 이 물건을 자세히 보거라.
　 이 물건을 자세히 보게.
② 빨리 청소를 하거라.
　 빨리 청소를 하게.
① 집에 같이 가세.
　 집에 같이 가자.
② 운동을 하러 가세.
　 운동을 하러 가자.

제2장　다양한 이웃

[쪽] 52
① 저것은 참외입니다.
② 그것은 토마토입니다.
③ 이것은 파인애플입니다.
④ 저것은 바나나입니다.
⑤ 그것은 사과입니다.
⑥ 이것은 배입니다.
⑦ 저것은 오렌지입니다.
⑧ 그것은 감입니다.
⑨ 이것은 복숭아입니다.
⑩ 저것은 밤입니다.

[쪽] 53
① 저것은 8000원입니다.
② 그것은 5000원입니다.
③ 이것은 3000원입니다.
④ 저것은 1000원입니다.
⑤ 그것은 1900원입니다.
⑥ 이것은 7500원입니다.
⑦ 저것은 6400원입니다.
⑧ 그것은 500원입니다.
⑨ 이것은 200원입니다.
⑩ 저것은 50원입니다.

[쪽] 54
① 이것은 무엇(입니까?)
　 (이것)은 사과입니다.
② 저것은 무엇(입니까?)
　 (저것)은 수박입니다.
③ 그것은 무엇(입니까?)
　 (그것)은 참외입니다.
④ 이것(은) 무엇입니까?
　 (이것)은 배(입니다.)
⑤ 저것(은) 무엇입니까?
　 (저것)은 복숭아(입니다.)
⑥ 그것(은) 무엇입니까?
　 (그것)은 파인애플(입니다.)
⑦ (이것)은 무엇입니까?
　 이것은 바나나(입니다.)
⑧ (저것)은 무엇입니까?
　 저것은 오렌지입니다.
⑨ (그것)은 무엇입니까?
　 그것은 레몬(입니다.)
⑩ (이것은) 포도(입니다.)

[쪽] 55
① 저것은 사과입니다.
② 저것은 수박입니다.
③ 저것은 참외입니다.
④ 이것은 배입니다.
⑤ 그것은 복숭아입니다.

⑥ 이것은 파인애플입니다.
⑦ 저것은 바나나입니다.
⑧ 이것은 오렌지입니다.
⑨ 그것은 딸기입니다.
⑩ 이것은 귤입니다.

[쪽] 58
① 치마를 하나 고릅니다.
② 양말을 한 켤레 삽니다.
③ 넥타이를 하나 고릅니다.
④ 옷을 구경합니다.
⑤ 작업복을 한 벌 찾습니다.
⑥ 잠옷을 한 벌 삽니다.
⑦ 점퍼를 하나 고릅니다.
⑧ 와이셔츠를 하나 삽니다.
⑨ 티셔츠를 하나 고릅니다.
⑩ 교복을 한 벌 삽니다.

[쪽] 59
① 정장을 한 벌 사려고요.
② 치마를 하나 고르려고요.
③ 양말을 한 켤레 사려고요.
④ 넥타이를 하나 고르려고요.
⑤ 옷을 구경하려고요.
⑥ 작업복을 한 벌 찾으려고요.
⑦ 잠옷을 한 벌 사려고요.
⑧ 점퍼를 하나 고르려고요.
⑨ 와이셔츠를 하나 사려고요.
⑩ 티셔츠를 하나 고르려고요.

[쪽] 60
① 정장을 좀 구경해도 되나요?
② 치마를 좀 구경해도 되나요?
③ 양말을 좀 구경해도 되나요?
④ 넥타이를 좀 구경해도 되나요?
⑤ 옷을 좀 구경해도 되나요?
⑥ 작업복을 좀 구경해도 되나요?
⑦ 잠옷을 좀 구경해도 되나요?
⑧ 점퍼를 좀 구경해도 되나요?
⑨ 와이셔츠를 좀 구경해도 되나요?
⑩ 티셔츠를 좀 구경해도 되나요?

[쪽] 61
① 정장은 200000원이고, 치마는 15000원이에요.
② 치마는 15000원이고, 양말은 2500원이에요.
③ 양말은 2500원이고, 넥타이는 10000원이에요.
④ 넥타이는 10000원이고, 옷은 가격이 다 달라요.
⑤ 옷은 가격이 다 다르고, 작업복은 30000원이에요.
⑥ 작업복은 30000원이고, 잠옷은 17000원이에요.
⑦ 잠옷은 17000원이고, 점퍼는 50000원이에요.
⑧ 점퍼는 50000원이고, 와이셔츠는 20000원이에요.
⑨ 와이셔츠는 20000원이고, 티셔츠는 6000원이에요.
⑩ 티셔츠는 6000원이고, 교복은 180000원이에요.

[쪽] 64
① 맥주 세 병 드릴까요?
② 사과 네 개만 주세요.
③ 볼펜 두 자루만 주세요.
④ 주스 한 잔만 마시겠어요.
⑤ 물 한 컵만 따르세요.
⑥ 사람 두 명이 서 있습니다.
⑦ 바다에 배 두 척이 떠 있습니다.
⑧ 옷 한 벌만 사 주세요.
⑨ 자동차 다섯 대가 서 있습니다.
⑩ 나무 세 그루를 심었습니다.

[쪽] 65
① 열심히 공부하세요.
② 빨리 오세요.
③ 책을 많이 읽으세요.
④ 창 밖을 보세요.
⑤ 피아노를 배우세요.
⑥ 친구를 만나세요.
⑦ 일을 열심히 하세요.
⑧ 영화를 보세요.
⑨ 노래를 흥겹게 부르세요.
⑩ 꽃을 심으세요.

[쪽] 66
① 맥주 한 병에 2300원입니다.
② 사과 한 개에 1200원입니다.
③ 볼펜 한 자루에 150원입니다.
④ 주스 한 잔에 3000원입니다.
⑤ 두부 한 모에 1000원입니다.
⑥ 파 한 단에 2000원입니다.
⑦ 배추 한 포기에 2500원입니다.
⑧ 양말 한 켤레에 2300원입니다.
⑨ 수박 한 통에 9000원입니다.
⑩ 나무 한 그루에 8000원입니다.

[쪽] 67
① 삼백 원
② 오백 원
③ 칠백 원
④ 천 원
⑤ 이천 원
⑥ 육천 원
⑦ 구천 원
⑧ 삼백오십 원
⑨ 천칠백육십 원
⑩ 칠천육백오십 원

[쪽] 70
① 잠시 후에 밥을 먹을 거예요.
② 30분 후에 친구를 만날 거예요.
③ 한 시간 후에 도서관에 갈 거예요.
④ 식사 후에 책을 읽을 거예요.

⑤ 잠시 후에 한 분이 더 올 거예요.
⑥ 10분 후에 커피를 마실 거예요.
⑦ 두 시간 후에 잠을 잘 거예요.
⑧ 하루 후에 삼촌 댁에 갈 거예요.
⑨ 한 달 후에 여행을 갈 거예요.
⑩ 일 년 후에 자격증을 딸 거예요.

[쪽] 71
① 저는 오렌지 주스요.
② 저는 홍차요.
③ 저는 우유요.
④ 저는 사이다요.
⑤ 저는 콜라요.
⑥ 저는 환타요.
⑦ 저는 체리 주스요.
⑧ 저는 레몬 주스요.
⑨ 저는 녹차요.
⑩ 저는 인삼차요.

[쪽] 72
① 사과보다 바나나가 낫겠어요.
② 우유보다 주스가 낫겠어요.
③ 사탕보다 과자가 낫겠어요.
④ 홍차보다 율무차가 낫겠어요.
⑤ 감자보다 고구마가 낫겠어요.
⑥ 피자보다 빈대떡이 낫겠어요.
⑦ 레몬차보다 토마토 주스가 낫겠어요.
⑧ 연필보다 볼펜이 낫겠어요.
⑨ 운동화보다 구두가 낫겠어요.
⑩ 택시보다 지하철이 낫겠어요.

[쪽] 73
① 늦잠을 자서 빨리 올 수가 없었어요.
② 배가 아파서 올 수가 없었어요.
③ 책을 잃어버려서 읽을 수가 없었어요.
④ 시간이 없어서 배울 수가 없었어요.
⑤ 할 일이 많아서 갈 수가 없었어요.
⑥ 다리가 아파서 걸을 수가 없었어요.
⑦ 음식이 상해서 먹을 수가 없었어요.
⑧ 바닥에 돌이 있어서 놀 수가 없었어요.
⑨ 너무 먹어서 살을 뺄 수가 없었어요.
⑩ 할 일이 많아서 잠 잘 수가 없었어요.

[쪽] 76
① 머리를 약간 길게 잘라 주세요.
② 파마를 해 주세요.
③ 갈색으로 염색해 주세요.
④ 조금 다듬어 주세요.
⑤ 머리를 빗어 주세요.
⑥ 머리를 감아 주세요.
⑦ 머리를 말려 주세요.
⑧ 옆머리를 잘라 주세요.
⑨ 뒷머리를 잘라 주세요.

⑩ 단발머리로 해 주세요.

[쪽] 77
① 한 집안 식구와 같게 대해 주세요.
② 꽃과 같게 예쁘게 해 주세요.
③ 아무 일도 없었던 것과 같게 해 주세요.
④ 인형과 같게 귀엽게 해 주세요.
⑤ 자기 동생과 같게 귀여워해 주세요.
⑥ 꿀과 같게 달콤하게 해 주세요.
⑦ 사과와 같게 둥그렇게 해 주세요.
⑧ 불과 같게 뜨겁게 해 주세요.
⑨ 거울과 같게 맑게 해 주세요.
⑩ 얼음과 같게 차갑게 해 주세요.

[쪽] 78
① 색종이를 예쁘게 잘라 주세요.
② 바지를 헐렁하게 만들어 주세요.
③ 종이를 길게 붙여 주세요.
④ 허리를 크게 키워 주세요.
⑤ 끈을 짧게 잘라 주세요.
⑥ 바지통을 넓게 늘여 주세요.
⑦ 커피를 맛있게 끓여 주세요.
⑧ 머리를 예쁘게 말아 주세요.
⑨ 머리를 검게 염색해 주세요.
⑩ 된장국을 맛있게 끓여 주세요.

[쪽] 79
① 커피를 맛있게 끓여 주세요.
② 종이를 길게 붙여 주세요.
③ 끈을 짧게 잘라 주세요.
④ 바지통을 넓게 늘여 주세요.
⑤ 머리를 예쁘게 말아 주세요.
⑥ 바지를 헐렁하게 만들어 주세요.
⑦ 머리를 검게 염색해 주세요.
⑧ 머리를 깨끗하게 다듬어 주세요.
⑨ 허리를 크게 키워 주세요.
⑩ 머리를 짧게 잘라 주세요.

[쪽] 82
① 소매를 늘여 주세요.
② 어깨를 늘여 주세요.
③ 어깨를 줄여 주세요.
④ 길이를 줄여 주세요.
⑤ 길이를 늘여 주세요.
⑥ 치맛단을 줄여 주세요.
⑦ 치맛단을 늘여 주세요.
⑧ 허리를 줄여 주세요.
⑨ 허리를 늘여 주세요.
⑩ 품을 줄여 주세요.

[쪽] 83
① 이 땀 좀 닦아 주실 수 있어요?
② 이 낙서 좀 지워 주실 수 있어요?

③ 이 물건 좀 주실 수 있어요?
④ 안부 전화 좀 해 주실 수 있어요?
⑤ 멋진 집 좀 지어 주실 수 있어요?
⑥ 이 인형 좀 사 주실 수 있어요?
⑦ 이 예쁜 차 좀 사 주실 수 있어요?
⑧ 여행 좀 같이 가 주실 수 있어요?
⑨ 용돈 좀 주실 수 있어요?
⑩ 이 물건 좀 맡아 주실 수 있어요?

[쪽] 84
① 때가 묻었는데 잘 지워져요.
② 잉크가 묻었는데 안 지워져요.
③ 기름이 묻었는데 잘 지워져요.
④ 흙이 묻었는데 안 지워져요.
⑤ 물이 묻었는데 잘 지워져요.
⑥ 밀가루가 묻었는데 안 털어져요.
⑦ 피가 묻었는데 안 지워져요.
⑧ 먼지가 묻었는데 잘 털어져요.
⑨ 주스가 묻었는데 안 지워져요.
⑩ 꽃가루가 묻었는데 잘 지워져요.

[쪽] 85
① 깨끗하게 빨아 드릴게요.
② 아름답게 꾸며 드릴게요.
③ 맑게 닦아 드릴게요.
④ 가볍게 들어 드릴게요.
⑤ 어둡게 닫아 드릴게요.
⑥ 빨갛게 칠해 드릴게요.
⑦ 달콤하게 익혀 드릴게요.
⑧ 고소하게 만들어 드릴게요.
⑨ 맛있게 요리해 드릴게요.
⑩ 예쁘게 다듬어 드릴게요.

[쪽] 88
① 이자를 알아보려고 왔어요.
② 예금을 하려고 왔어요.
③ 저금을 하려고 왔어요.
④ 입금을 하려고 왔어요.
⑤ 돈을 찾으려고 왔어요.
⑥ 대출을 하려고 왔어요.
⑦ 출금을 하려고 왔어요.
⑧ 송금을 하려고 왔어요.
⑨ 환전을 하려고 왔어요.
⑩ 잔액 조회를 하려고 왔어요.

[쪽] 89
① 가방도 사실 거예요?
② 케이크도 드실 거예요?
③ 노래도 부를 거예요?
④ 운동도 하실 거예요?
⑤ 영화도 보실 거예요?
⑥ 삼촌 댁에도 가실 거예요?
⑦ 우리집에도 오실 거예요?

⑧ 일기도 쓰실 거예요?
⑨ 현관문도 닫으실 거예요?
⑩ 방문도 여실 거예요?

[쪽] 90
① 글도 쓰다.
② 책도 읽다.
③ 친구도 부르다.
④ 고개도 숙이다.
⑤ 산길도 걷다.
⑥ 시장도 가다.
⑦ 학생도 가르치다.
⑧ 할머니도 돕다.
⑨ 연필도 깎다.
⑩ 파인애플도 먹다.

[쪽] 91
① 지우개만 사 주세요.
② 밥만 먹어(드셔, 잡수셔) 주세요.
③ 영화만 봐 주세요.
④ 일기만 써 주세요.
⑤ 위인전만 읽어 주세요.
⑥ 동물만 길러 주세요.
⑦ 나무만 심어 주세요.
⑧ 꽃만 꺾어 주세요.
⑨ 물건만 팔아 주세요.
⑩ 리어카만 끌어 주세요.

[쪽] 94
① 핸드폰을 좀 사고 싶어요.
② 냉장고를 좀 사고 싶어요.
③ 정수기를 좀 사고 싶어요.
④ 전자레인지를 좀 사고 싶어요.
⑤ 청소기를 좀 사고 싶어요.
⑥ 에어컨을 좀 사고 싶어요.
⑦ 다리미를 좀 사고 싶어요.
⑧ 선풍기를 좀 사고 싶어요.
⑨ 텔레비전을 좀 사고 싶어요.
⑩ 세탁기를 좀 사고 싶어요.

[쪽] 95
① 감기에 걸리면 쉬는 게 제일 중요해요.
② 에일리는 친구 중에 제일 작다.
③ 이 과일이 과일 중에 제일 맛이 없는 과일이다.
④ 오후 두 시에서 세 시 사이가 제일 배고프다.
⑤ 이 이야기는 세상에서 제일 무서운 이야기이다.
⑥ 나는 과일 중에 사과를 제일 좋아한다.
⑦ 나는 요리를 제일 잘 합니다.
⑧ 우리 반에서 에이바가 제일 착하다.
⑨ 나는 동화가 제일 재미있다.

[쪽] 96
① 보람이가 달리기를 가장 잘 해요.

② 남의 것을 욕심내는 것이 가장 더럽다.
③ 서점에서 사랑에 관한 책이 가장 잘 팔린다.
④ 우리 중에 카밀라가 가장 큰 친구이다.
⑤ 그 과학자는 가장 훌륭한 관찰자이다.
⑥ 동짓날이 밤이 가장 길다.
⑦ 어느 건물이 가장 높은가요?
⑧ 부모가 가장 보고 싶을 때가 언제니?
⑨ 동물 중에 토끼의 귀가 가장 크구나.
⑩ 우리나라에서 가장 아름다운 섬은 제주도이다.

[쪽] 97
① 파도가 치기 때문에 멀미가 났어요.
② 비가 오기 때문에 놀러 가긴 다 틀렸구나.
③ 일이 많기 때문에 시간을 낼 수가 없다.
④ 통증이 생기기 때문에 괴로워한다.
⑤ 태풍이 불기 때문에 배가 뜨지 못했다.
⑥ 비가 오기 때문에 놀러가기는 다 틀렸네.
⑦ 눈물이 나기 때문에 말을 잇지 못했다.
⑧ 소리가 크기 때문에 집중할 수가 없다.
⑨ 손맛이 좋기 때문에 매 주 낚시하러 간다.
⑩ 장마가 오기 때문에 채소 가격이 높이 뛰었다.

[쪽] 100
① 장구를 사고 싶어요.
② 제기를 사고 싶어요.
③ 한복을 사고 싶어요.
④ 팽이를 사고 싶어요.
⑤ 연을 사고 싶어요.
⑥ 윷을 사고 싶어요.
⑦ 붓을 사고 싶어요.
⑧ 한지를 사고 싶어요.
⑨ 엽전을 사고 싶어요.
⑩ 호루라기를 사고 싶어요.

[쪽] 101
① 무엇을 먹고 싶어요?
　무엇을 먹고 싶으십니까?
　무엇을 먹을래요?
② 무엇을 주고 싶어요?
　무엇을 주고 싶으십니까?
　무엇을 줄래요?
③ 무엇을 갖고 싶어요?
　무엇을 갖고 싶으십니까?
　무엇을 갖을래요?
④ 무엇을 보고 싶어요?
　무엇을 보고 싶으십니까?
　무엇을 볼래요?
⑤ 무엇을 만들고 싶어요?
　무엇을 만들고 싶으십니까?
　무엇을 만들래요?

[쪽] 102
① 배고프니까 돼지가 웁니다.

② 여기서 가까우니까 걸어서 갑시다.
③ 늦게 일어나니까 늘 지각이지.
④ 내가 몸이 안 좋아서 나갈 수가 없으니까 다음에
　만나자.
⑤ 네가 자꾸 우니까 애들이 놀리는 거야.
⑥ 네가 자꾸 겁을 주니까 내가 더 떨렸다.
⑦ 자꾸 고집 부리니까 아빠가 화를 내시는 거야.
⑧ 비밀을 꼭 지킬 테니까 얘기해 줘.
⑨ 소문이 나니까 조심히 행동해라.
⑩ 기분이 좋지 않으니까 퇴근 후에 술이나 한 잔 하자.

[쪽] 103
① 네, 살 수 있어요.
② 네, 볼 수 있어요.
③ 네, 그릴 수 있어요.
④ 네, 끓일 수 있어요.
⑤ 네, 찰 수 있어요.
⑥ 네, 잘 수 있어요.
⑦ 네, 탈 수 있어요.
⑧ 네, 오를 수 있어요.
⑨ 네, 먹을 수 있어요.
⑩ 네, 할 수 있어요.

[쪽] 106
① 눈병이 생겼나 봐요.
② 설사를 했나 봐요.
③ 소화가 안 됐나 봐요.
④ 다리를 다쳤나 봐요.
⑤ 열이 났나 봐요.
⑥ 머리가 아팠나 봐요.
⑦ 염증이 생겼나 봐요.
⑧ 목이 아팠나 봐요.
⑨ 배탈이 났나 봐요.
⑩ 빈혈이 생겼나 봐요.

[쪽] 107
① 눈병이 생겼어요.
② 설사를 했어요.
③ 소화가 안 됐어요.
④ 다리를 다쳤어요.
⑤ 열이 났어요.
⑥ 머리가 아팠어요.
⑦ 염증이 생겼어요.
⑧ 목이 아팠어요.
⑨ 배탈이 났어요.
⑩ 빈혈이 생겼어요.

[쪽] 108
① 밥을 먹고 죽을 먹을 거예요.
② 그림을 그리고 책을 읽을 거예요.
③ 물건을 사고 계산을 했을 거예요.
④ 노래를 부르고 악보를 봤을 거예요.
⑤ 책을 읽고 텔레비전을 봤을 거예요.

⑥ 운전을 하고 방송을 들었을 거예요.
⑦ 운동을 하고 구경을 했을 거예요.
⑧ 전화를 걸고 메모를 했을 거예요.
⑨ 책을 찾고 연필도 찾을 거예요.
⑩ 강아지를 키우고 새도 키웠을 거예요.

[쪽] 109
① 피곤할 테니 어서 주무세요.
② 문제를 읽을 테니 잘 적으세요.
③ 배고플 테니 빵을 많이 주세요.
④ 끝까지 너를 밀어 줄 테니 걱정하지 마세요.
⑤ 더 늦으면 어두워질 테니 어서 가세요.
⑥ 전화번호를 불러 줄 테니 꼭 전화하세요.
⑦ 내가 여행비를 낼 테니 함께 가세요.
⑧ 일이 쉽게 해결될 테니 너무 걱정 마세요.
⑨ 아드님은 무사할 테니 너무 걱정하지 마세요.
⑩ 혼내 줄 테니 참으세요.

제3장   가정에서

[쪽] 114
① 지갑에 지폐와 동전이 있어요.
② 필통에 연필과 지우개가 있어요.
③ 방에 침대와 책상이 있어요.
④ 꽃병에 장미꽃과 국화꽃이 있어요.
⑤ 연필꽂이에 볼펜과 만년필이 있어요.
⑥ 신발장에 운동화와 구두가 있어요.
⑦ 침대 위에 베개와 이불이 있어요.
⑧ 방에 냉장고와 텔레비전이 있어요.
⑨ 책상 위에 필통과 공책이 있어요.
⑩ 옷걸이에 셔츠와 바지가 있어요.

[쪽] 115
① 공책이 있습니다.   공책이 있어요.
② 지우개가 있습니다. 지우개가 있어요.
③ 책상이 있습니다. 책상이 있어요.
④ 볼펜이 있습니다. 볼펜이 있어요.
⑤ 운동화가 있습니다. 운동화가 있어요.
⑥ 베개가 있습니다. 베개가 있어요.
⑦ 과자가 있습니다. 과자가 있어요.
⑧ 국화가 있습니다. 국화가 있어요.
⑨ 바지가 있습니다. 바지가 있어요.
⑩ 딸기가 있습니다. 딸기가 있어요.

[쪽] 116
① 가방 안에 필통과 색종이가 있어요.
② 지갑 안에 지폐와 동전이 있어요.
③ 필통 안에 지우개와 연필이 있어요.
④ 방 안에 책상과 침대가 있어요.
⑤ 꽃병에 장미와 튤립이 있어요.
⑥ 연필꽂이에 연필과 볼펜이 있어요.
⑦ 신발장 안에 구두와 샌들이 있어요.

⑧ 침대 위에 이불과 베개가 있어요.
⑨ 냉장고 안에 김치와 깍두기가 있어요.
⑩ 책상 위에 교과서와 공책이 있어요.

[쪽] 117
① 냉장고 옆에는 청소기가 있어요.
② 텔레비전 옆에는 꽃병이 있어요.
③ 지우개 옆에는 책이 있어요.
④ 가방 옆에는 교과서가 있어요.
⑤ 학교 옆에는 우체국이 있어요.
⑥ 우체국 옆에는 문구점이 있어요.
⑦ 문구점 옆에는 제과점이 있어요.
⑧ 제과점 옆에는 도서관이 있어요.
⑨ 식당 옆에는 경찰서가 있어요.
⑩ 경찰서 옆에는 병원이 있어요.

[쪽] 120
① 책상 밑에 의자가 있어요.
② 책상 왼쪽에 가방이 있어요.
③ 책상 오른쪽에 휴지통이 있어요.
④ 책상 뒤에 벽이 있어요.
⑤ 책상 옆에 휴지통이 있어요.
⑥ 책상 위에 가방이 있어요.
⑦ 책상 밑에 인형이 있어요.
⑧ 책상 왼쪽에 장난감이 있어요.
⑨ 책상 오른쪽에 장갑이 있어요.
⑩ 책상 뒤에 라디오가 있어요.

[쪽] 121
① 냉장고 옆에 휴지통이 있다.
② 자전거 뒤에 축구공이 있다.
③ 토끼 뒤에 거북이가 있다.
④ 침대 위에 베개가 있다.
⑤ 곰 오른쪽에 여우가 있다.
⑥ 학교 옆에 도서관이 있다.
⑦ 의자 아래에 슬리퍼가 있다.
⑧ 토끼 왼쪽에 기린이 있다.
⑨ 식당 옆에 문구점이 있다.
⑩ 우체국 옆에 경찰서가 있다.

[쪽] 122
① 책상 위에 공책이 있어요.
② 냉장고 옆에 휴지통이 있어요.
③ 자전거 뒤에 축구공이 있어요.
④ 토끼 뒤에 거북이 있어요.
⑤ 침대 위에 베개가 있어요.
⑥ 곰 오른쪽에 여우가 있어요.
⑦ 학교 옆에 도서관이 있어요.
⑧ 의자 아래에 슬리퍼가 있어요.
⑨ 코뿔소 왼쪽에 기린이 있어요.
⑩ 식당 옆에 문구점이 있어요.

① 가방 안에 공책이 있어요.
② 냉장고 옆에 휴지통이 있어요.
③ 자전거 뒤에 축구공이 있어요.
④ 토끼 뒤에 거북이 있어요.
⑤ 침대 위에 베개가 있어요.
⑥ 필통 안에 연필이 있어요.
⑦ 학교 옆에 도서관이 있어요.
⑧ 의자 아래에 슬리퍼가 있어요.
⑨ 코뿔소 왼쪽에 기린이 있어요.
⑩ 식당 옆에 문구점이 있어요.

[쪽] 126
① 밥 먹었는데 반찬이 남아서.
② 청소를 했는데 먼지가 있어서.
③ 일을 마쳤는데 시간이 남아서.
④ 물건을 샀는데 물건이 더 필요해서.
⑤ 사과를 먹었는데 껍질이 남아서.
⑥ 그림을 그렸는데 물감이 남아서.
⑦ 바람이 불었는데 새가 날아서.
⑧ 친구가 있는데 말이 없어서.
⑨ 산이 낮은데 찾는 사람이 없어서.
⑩ 세게 닦지 않았는데 흠집이 나서.

[쪽] 127
① 즐겁게 일하면 일이 쉬워 보입니다.
② 조금만 참으면 낫게 된다고 했어.
③ 꽃을 가꾸면 네 마음도 착해질 거야.
④ 밝은 색깔의 옷을 입으면 마음도 밝아질 거야.
⑤ 두드리면 열릴 것이다.
⑥ 이 길을 따라 가면 목적지가 나올 거야.
⑦ 사실을 말하면 풀어 주마.
⑧ 숙제를 먼저 하면 나가서 놀아도 좋다.
⑨ 아버지께 말씀 드리면 뭔가 해결책이 나올 거야.
⑩ 엄마가 말한 것을 다 지키면 내가 사 주마.

[쪽] 128
① 피자를 너무 많이 먹지 마.
② 공을 너무 세게 차지 마.
③ 친구에게 너무 잘난 척을 하지 마.
④ 동생에게 너무 아는 척을 하지 마.
⑤ 동생의 장난감을 부수지 마.
⑥ 교실의 유리창을 깨뜨리지 마.
⑦ 거실에서 동생과 장난을 치지 마.
⑧ 길에 쓰레기를 버리지 마.
⑨ 상에 물을 엎지르지 마.
⑩ 너무 게임을 많이 하지 마.

[쪽] 129
① 선생님한테 칭찬을 들었지.
② 당신한테 주는 선물이지.

③ 언니한테 보낼 물건이지.
④ 나한테 인형이 있지.
⑤ 당신한테 만년필이 있지.
⑥ 철수한테 지우개를 얻었지.
⑦ 친구한테 소식을 들었지.
⑧ 돼지한테 먹이를 먹였지.
⑨ 동생한테 돈을 주었지.
⑩ 엄마한테 요리를 배웠지.

[쪽] 132
① 고구마를 먹을 줄 아니?
② 책을 읽을 줄 아니?
③ 나무를 심을 줄 아니?
④ 셈을 할 줄 아니?
⑤ 오이를 자를 줄 아니?
⑥ 계산을 할 줄 아니?
⑦ 피아노를 칠 줄 아니?
⑧ 노래를 부를 줄 아니?
⑨ 바위를 오를 줄 아니?
⑩ 말을 탈 줄 아니?

[쪽] 133
① 고구마를 먹을 줄 몰라.
② 책을 읽을 줄 몰라.
③ 나무를 심을 줄 몰라.
④ 셈을 할 줄 몰라.
⑤ 오이를 자를 줄 몰라.
⑥ 계산을 할 줄 몰라.
⑦ 피아노를 칠 줄 몰라.
⑧ 노래를 부를 줄 몰라.
⑨ 바위를 오를 줄 몰라.
⑩ 말을 탈 줄 몰라.

[쪽] 134
① 일을 했더니 좀 피곤해요.
② 달걀이 냉장고에 좀 있어요.
③ 음악을 들었더니 기분이 좀 나아졌어요.
④ 나는 영어를 좀 할 수 있어요.
⑤ 오늘은 날씨가 좀 선선해요.
⑥ 할 얘기가 좀 있어요.
⑦ 말씀을 좀 여쭈어 볼게요.
⑧ 과일을 좀 주시겠어요.
⑨ 열심히 공부 좀 하세요.
⑩ 오늘 생선을 좀 팔았어요.

[쪽] 135
① 깎은 고구마를 잘라야지.
② 본 책을 책꽂이에 꽂아야지.
③ 심은 나무에 물을 주어야지.
④ 자는 아이에게 뽀뽀를 해 주어야지.
⑤ 자른 오이를 먹어야지.
⑥ 센 계산을 적어야지.
⑦ 핀 꽃을 구경해야지.

⑧ 우는 새에게 모이를 주어야지.
⑨ 가는 사람에게 물어봐야지.
⑩ 뛰는 말에 올라타야지.

[쪽] 138
① 생선을 구워요.
② 파전을 부쳐요.
③ 멸치를 볶아요.
④ 계란을 삶아요.
⑤ 라면을 끓여요.
⑥ 만두를 쪄요.
⑦ 새우를 튀겨요.
⑧ 감자를 쪄요.
⑨ 고추를 잘라요.
⑩ 양념을 뿌려요.

[쪽] 139
① 생선을 굽고 있어요.
② 파전을 부치고 있어요.
③ 멸치를 볶고 있어요.
④ 계란을 삶고 있어요.
⑤ 라면을 끓이고 있어요.
⑥ 만두를 찌고 있어요.
⑦ 새우를 튀기고 있어요.
⑧ 감자를 찌고 있어요.
⑨ 고추를 자르고 있어요.
⑩ 양념을 뿌리고 있어요.

[쪽] 140
① 자기 전에 씻어 봐요.
② 쓰기 전에 읽어 봐요.
③ 가르치기 전에 배워 봐요.
④ 쉬기 전에 뛰어 봐요.
⑤ 가기 전에 준비해 봐요.
⑥ 먹기 전에 씻어 봐요.
⑦ 캐기 전에 찾아 봐요.
⑧ 심기 전에 파 봐요.
⑨ 오기 전에 전화해 봐요.
⑩ 잊기 전에 기억해 봐요.

[쪽] 141
① 당신을 정말 사랑합니다.
② 약이 효과가 정말 있을까요?
③ 약속은 정말 지켜야 합니다.
④ 오늘 날씨가 정말 좋아요.
⑤ 조슈아는 키가 정말 큽니다.
⑥ 물건을 만드는 솜씨가 정말 훌륭해요.
⑦ 제주도의 경치가 정말 아름답습니다.
⑧ 신용은 정말 잘 지켜야 해요.
⑨ 책을 정말 빨리 읽는군요.
⑩ 오늘 비가 내린다더니 정말 옵니다.